EMISINGI Y'OKUIKIRIZA

ISAYA 58 ITENDEKERO ERITENDEKA
HONA HONA

ALL NATIONS INTERNATIONAL
TERESA SKINNER   GORDON SKINNER
AGNES I NUMER

Translated by
KANGUME STELLA

Edited by
CLARE BUSINGE

Emisingi Y'okuikiriza
Isaya 58 Itendekero Eritendeka Hona Hona

ISBN:978-1-950123-56-8
Copyright © 2020 by All Nations International
All rights reserved.

Unless otherwise indicated, all Scripture quotations are taken from the Holy Bible, Runyoro /- Rutooro Bible - Ekitabu Ekirukwera - The Bible Society of Uganda © 2012

Special Thanks: Gertrude Kabtalemwa
Christal Clayton, Jennene Jeffrey

Translated by: Kangume Stella
Editor: Businge Mary Clare

Artwork: Julian Peter V. Arias, Jumi Sabbagh, Teresa Skinner
Cover Art: Julian Peter V. Arias and Eve Lorraine Rivers Trinidad

Isaya 58 Ebitabueby'entekaniza, eyokutendeka omw'intendekero erikugenda kutaraga mubicweka bingi biroho. Kwenda, kusoma ebitabu N'oterra Owakukikira hamutimbagano ogwa komputa Intanetitaipinga

email: is58mti@gmail.com
contact us: www.all-nations.org
online course: is58mti.org

EBIRUMU

Preface	v
Enyanjura	vii
1. Emisingi Y'okuikiriza	1
2. Ruhanga Noha?	5
Leka twijuke: Ruhanga Noha?	13
3. Habwaki Ruhanga Yahangireabantu?	15
Leka twijuke: Habwaki Ruhanga Yahangireabantu?	23
4. Ekibi kiki?	25
Leka twijuke: Ekibi kiki?	33
5. Yesu Noha?	37
Leka twijuke: Yesu Noha?	41
6. Kwegarukamu kiki?	43
Leka twijuke: Kwegarukamu kiki?	47
7. Okujunwa nikyo ki?	49
Leka twijuke: Okujunwa nikyo ki?	57
8. Kubatiziibkwa okw'amaizi kintu-ki?	59
Leka twijuke: Kubatiziibkwa okw'amaizi kintu-ki?	69
9. Omwoyo Muhikirire Noha?	71
Leka twijuke: Omwoyo Muhikirire Noha?	75
10. Okubatiziibwa Mwoyo Muhikirire nikimanyisaki?	77
Leka twijuke: Okubatiziibwa Mwoyo Muhikirire nikimanyisaki?	85
11. Kiiki ekinyine kukora kuba Ajunirwe rundi Murokole	87
12. Mugende Mube Bebembezi	91
Leka twijuke: Mugende Mube Bebembezi	99
Leka twijuke: Ebikuru	101
Okumanyiira	107
Endagirro	109

PREFACE

As we travel around the world, we see pastors and leaders struggle with, "What to teach their people." Maybe they have never had Bible School training... and may never be able to afford it.

Our cry is that God will read this to you... that He will impart His Gospel to your heart, that He will train you, and that you will experience the freedom, peace power and ability to demonstrate His Love to the Nations.

May we all work together while there is time.... That He alone may be glorified.

Let Jesus take you to the Nations.....

Teresa Skinner
    Director

"And this gospel of the kingdom shall be preached in all the world for a witness unto all nations; and then shall the end come." Matthew 24:14

ENYANJURA

Ekitongole ekikwata Amahanga ga Ensi yona, (All Nations International) Ekanisa, hamu na Sommer Haven Ranch Ekwata Ensi yona, eryakozirwe kuyamba omuntu hatarohoebyokukora amagoba, biri bitongole bibiri ebyazairwe kandi byayebemberwa Omwahule. Agnes I. Numer ogu owuyahumwire emirimo ya ensiyafa omukwenzi okwamusanju 17, 2010 hamyakaye 95 ey'obukuru. Akasiga enyuma ekirale ekyamani hanyuma yokuhereza emyaka 56. Bunu obuhereza bukazarwaokwolekebwaRuhanga yamuhaire obuli mu Baibuli lsaya 58 Ruhanga obuyamwolekere okwolekebwakunu yamugambira, "Enuniyo ntegeka yange habw'Ekanisa yange habwa obwire obwokumalira". Mukama Ruhanga akamwoleka enyonyi, hamuna Egali z'omwika, Amastoha agokwahuramu ebintu amakooto, Amatendekero amakuru, Amalindiro gabasuhuki, Ahokugabira ebyokulya n'ebindi bingi.

Nikisobora kuguma kwetegereza ebirugire mubuhereza bunu omu myaka yabwo ekuhingura 50 ey'okubaho. Nikyesaniriza nkoku kikuguma okugarukamu, oti "miti ingaha eyeri omukajuma ka Apple, rundi omucunguwa?"

Nikyo bunu obuhereza bwa Amahanga gona bukozire....

Bugabire ensigo. Bahereza baingi bahairwe okwolekebwa, basoma, bakurakurana, bataibwamu amani kandi bayambirwe.

Banu Abebembezi hanyuma bagenzire bakora obuhereza nkabunu ensi yona. Bakatunga okwolekebwa, kunihira, entekaniza n'ebiragiro eby'Obukama bwa Ruhanga obukora Kandi nokuyayana hamu nokuba n'obuntu bateka ebi ebibali basomere babikwata babita munkora.

Bunu obuhereza obwa ensi yona obukugenda mumaiso nibwegesa kumanya Ruhanga nka Omulemi, kandi nko Mugabirizi wabo abagabira habwokuba nibakora emirimoye nibaraba omumihandaye. Omukutendeka kunu nitunihira kutekamunkora ebiragirobakwasire,kandi n'emigisa erabayamani. Nituha Ruhanga ekitinisakye kyona. Okutendeka kubaire ha bwa OmwoyoUwe hali abo abaine amatu okuhura, omutima okutwara, n'okugonza okw'obuhulizi.

Ruhanga akoleka Omwahule Agnes I. Numer itendekero lya Baibuli erirabagana ebiragiro binu n'Amahanga. Obuyabungire aba Firipino. Orukiko lwa abalisa n'a Abebembezi bamusaba kuletaho okutendeka oku nukwo amasomero gona aga Baibuli garabe mukutendekebwa oku nibaraba mukakikoakakutaragaomubyaro.

Isaya 58 Itendekero eritaraga niritendeka hati riroho, niriraba mukukozesa ekitabu kandikyonyini ekitabu kiri hamutimbagano komputa nka ebook (ekyamasanyarazi)
Webale.
Amahanga gona, (All Nations International)
Habakuku2:2 (KJV) Kandi Omukamayangarukamu nagamba ati handika, okwolekebwa, okwoleke kurungi habipande 3 anyakusomamu airuke agambire Omuntu ondi. Baitu okwolekwakwikaire habwakasumi akatairweho, Kandi nukurabura empero, tukulibiha: nobukuliba nukwikaraho, okulide: baitu kulija mazima, tikulikaraho.

2 Timoseo 2:2 (KJV) Kandiebi ebiwahulire namberendi omu

Bakaiso baingi, nibyo oyahuze Abantu abokwesiga, abalisobora okwegesa abandi."

Nitutumira omulimo abo:
Hali abo abayenzire kumanya .... baitu tibatunga mwegesa.
Hali abo abaserwire okwolekwa........... Nukwo bairuke nakwo.
Hali abo abalinibenda kumanya "kiki ekirukwongeraho"
Hali abo abalibemayire ngu Basomesa .... baitu tibamanyire kiki ekyokusomesa.
Hali abo abakusera Kristo omuli ITWE Owaine Kunihira Okw'Ekitinisa.

Leka enyanjura eye kitabu kinu ekwoleke Yesu Kristo kandi leka obusinge obwa akutairemu bubenaiwe bulibwire bwona.

ORUPAPURA 1
EMISINGI Y'OKUIKIRIZA

Enyanjura y'emisingi y'okwikiriza.

Hali Abegesa:

Obutwalengereho okusobora Ruhanga noha, bulibwire twatanganaga ekizibu, mu ensi enu eyahati Abantu baingi nibagenda omumaramizo, baitu tibarukwetegereza ngu ogu owatahwayo, tarukurorwa kandi bamuramya talimuntu ow'okwecumitirizaho kwonka, kihangwa kyahara.Mukikaroky'eki. UWE Muhangi owa'ijwire Kugonzaowafaho buli muntu wena nabuli omu halitwe itwenakandiayoleka engozi zamagima ezisobora kukwataho omuntu buli mulingo gwona.

Nkomulisa naiwe nosobora kutangatagana Abantu abarukuhakana nguRuhanga tarohokandi tuhangirwe omukisaan'ikye. Ruhanga akazoka omundagano Enkuru nka Ruhanga waAbrahamu, Isaaka na Yakobo. Nuwe Ruhanga owagarukiramu mumuro. Ali Ruhanga owatahinduka ebirobyona. Nuwe Mukama Waabakama.

Nahabweki, omuhanda guli gumu gwonka kwenda kumumanya nukwo kumanya Ogu Huwe nkoku Ali. Hatali itwe nkoku tukwenda abe.

Hati, omunsobora enu engufu, omumw'isomo, nitwija

kukuha emiringo yokusobora Abantu hali Ruhanga n'abantube. Ebi ebitukuha'ire nibija kukuha ekisaani kitaito kusobora ebiragiro n'ebigenderwaho bya Baibuli nambere orayombekera okuhanura n'abegi bawe. Kuli kunihira kwaitu ngu obworayeyambisa ebintu binu ebikuru kurungi Ruhanga naija kukwesukura.

Kandi iwe omwegi:

Kugonza kumanyaRuhanga mazimagonyini noha kikuru.
Obwire obumu, tutekereza ngu Ruhanga akahangwaomukisaani kyaitu. Kandi tulemwa okwetegerezangu tukahangwa omukisaanikye.
 Ruhanga akazoka mundagano Enkuru nka Ruhanga Wa Aburahamu, Isaaka na Yakobo. Kandi amanyirwe nka Ruhanga owagarukiramuomumuro.
 Kikuru kumanya Ruhanga noha. Kandi nagonza kutugara ha muganjanogwe n'okuterana kwe okwakaba atwinire hakutandika omumusiri gwa Eden.
 Nayenda tumumanye huwe nk'Omuntu kandi Nkomunywani. Nkoku yarubasire na Adamu, Aburahamu. Nukwo ati n'engonzize, ezitahwaho nukwo arukwenda iwe nanyowe tube nkahuwe nkoku Ali.
 Omukuzora omu Zabuli 103:4, nitwegangu Ruhanga "akamanyisa emihandaye Musa ebikorwabye abana ba Isaleri."
 Omukusoma ebintu ebi nebikaguzo ebiri hansi hanu, Nitutandika okwikiriza Ruhanga huwe wenka atwesukure.
 Hali ebikaguzo binu, noija kwega ebigarukwamu hali ebikaguzo, binu ebihondera'ine.

Ebimu habikaguzo ebiturukwija kugarukamu.

- Ruhanga noha?

- Aikara nkaha?
- Ruhanga Wa rangi ekusana eta??
- Ruhanga noha owuyakomere okumwemerera?
- Mulingoki Ruhanga yatekanizemu Abafalisayo?

Habwaki binu byomugaso hali itwe?

ORUPAPURA 2
RUHANGA NOHA?

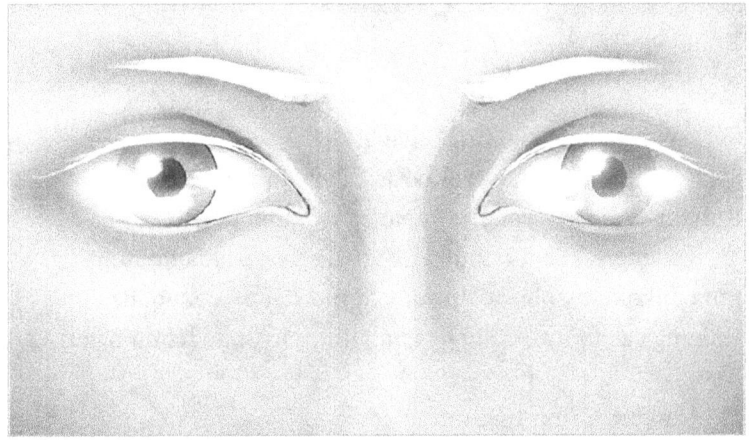

Omunsi enu eyahati baingi bagenda mu kanisa baitu tibamanyire ogu owubarukuhereza. Nitutekereza Ruhanga ahangirwe mukisaani kyaitu kunu titukwetegereza ngu itwe nitwe tuhangirwe omukisaanikye. Ruhanga nazoka Omundagano Enkuru nka Ruhanga Wa Isaaka, Aburahamu, na Yakobo Kandi nka Ruhanga owagarukiramu mumuro.

Leka tutunge okumumanya huwe nkoku Ali...... hatali itwe nkoku turukwenda abe.

Soma ebintu binu n'ebikaguzo hansi kandi oikirize Ruhanga akwesukure.

Ruhanga Noha?

Watch Video: Click to view Creation Genesis Video

Ruhanga akabaho tutakahangirwe.
Ruhanga akabaho, aroho Kandi alibaho ebiro byona Ruhanga Ali…. Owataine kubanza n'okumalira.
Ruhanga akabaho tutakahangirwe kandi alibaho tumazire kufa. Nkoku tusobora okusoma omukitabu kyokubanza, Ruhanga akakora, Akahanga buli kintu kyona –hamu n'iguru, n'ensi.
Akakora Omuntu Omukisaanikye.
Okutandika 1:1 omukutandikaRuhanga akahanga Iguru, N'ensi. Omutu atakole kisaani kya Ruhanga.
Twara akaire n'edakika zitaito orole okuhanga ha sinema. Obutuliyo niturora sinema enu leka turole obukuru bwaRuhanga okuhangakwe nankoku yahangire ensi, enyunyuzi n'amaizi, Ruhanga akahanga iwe hamu nanyowe.
Omukubanza 1:26 Ruhanga yagamba ati Tukole omuntu okuba nka'itwe, omukisaani kyetu: balemege ensamaki z'omunyanja ne biharuruka, n'ensi yona n'ebinyakwekura hansi. 27 Nahabweki Ruhanga yahanga omuntu omukisaanikye.

Omukisaani kyaRuhanga nuho omuntu yamuhangire; akabahanga omusaija n'omukazi.
Omuntu akahangwaomukisaani kya Ruhanga ekisaanikye nikiha? Obuntubwe nubuha Ruhanga obwayehuliramu n'abantube? Ruhanga nayehura ata habwawe? Ruhanga akahanga ebintu byona habw'okumusemeza. Akahanga iwe na nyowe habwokumusemeza Ruhanga Wa AmaniKandi mazimakwoWaAmani muno aikara munda omumitima yaitu Natwara obwire okuhura ebitekerezo byaitu nesarazaitu.

Ruhanga Ali….. wihali hali iwe **Ruhanga ayenda** obekurungi wena. Amanyire ekibi kireterezaokufa n'okuhwerekera nikyo yaher'ire ebiragiro nkoku turayomera. Baibuli er'inka ebiragriro eby'entegeka.

Kigambo ekye ekyahandikirwe kuyamba omuntu,nukwoayategereze enyetwazaye hamu Namateka ga Ruhanga.

Okurunga34:14 Baitu otaliramya mucwezi wena baitu MUKAMA, ibaralye nuwe ihali, nuwe Ruhanga w'ihali: **Ruhanga Ali** mbabazi, kugumisiriza, tayanguha kubihirwa, engonzi ezaine n'okuganyirahamu n'amazima bingi muno.

Okuruga 34:6 Mukama yaraba omumaisoge yarangira ati, Mukama we'mbabazi, aijwire okuganyira: tayanguha okubihirwa, agumisiriza, oburungibwe bwingi hamu n'amazima.

Zabuli 145:8 MUKAMA Ali-mbabazi kandi aijwire okuyamba: aikaraho kubihirwa kandi okuganyirakwe kw'amani kandi kwingi.

Alkara Nkaha?

Ruhanga aikara ……. Mw'iguru n'omumitima yaitu
 Obutusaba Yesu atuganyire ebibi byaitu kandi tukamusaba kwija

Omumitima yaitu. Naijakwo. Ruhanga atukozire tulibantu be abomuhendo kandi abekitinisakye. Nayetaga enkoragana eyeri hagati ya'itwe Nawe. Nikyo yatuhangire hakubanza atakakozire ebindi byona.

Abefeso 2:21 – 22 [NLV]
21 Kristo alinda ekyombeko kye kinukandi kiriyo nikikura kandi nikifoka ekyombeko ekihikirire habwa Mukama. 22 Na'inywe Ali mukubata hamu habwokuba mulikicweka kye ekyombeko habwokuba Ruhanga abaikaramu naraba omu Omwoyo Muhikirire.

Ruhanga aine... Obukamabwe Nihangalye Habwe.

Obwire bwingi Abantu batekereza Ruhanga alinkaisebo rundi munywani wabo. Tali nakati. Ruhanga aine orugandarwe. Omumulingogwe wenka Ogwayebalizamu. Nahabweki titwine busobozikandititukusobora kumulema habwokuba Ali Ruhanga.

Luka 11:2 Akabagamba ati, obumuransabaga mugambege muti, Isitwe, owali omu'iguru, Ibaralyawe lihaibwe ekitinisa, Obukama bwawe bwije. Ebyogonza bikorwe omu nsi nkoku bikorwaomu'iguru.

Yohana 18:36 Yesu yagarukamu nagamba ati, Obukama bwange tibuli bw'omunsi enu: kakuba Obukama bwange bubaire bw'omunsi enu, abampondera bakubaire bandwanirire Abayudaya obubali nibankwata.

Watch Video: "What Color is God?"
https://youtu.be/Yr0K73ZA9JM

Ruhanga warangi ki?

Ruhanga Ali- Musana. Musana nukwo kubaho okw' erangi zona

1 Yohana 1:5 Bunu nubw'omubutumwaobutwamuhulireho nukwo twarangira nitubagamba tuti Ruhanga Musana kandi Omuliwe busamu muirima nakati.

Ruhanga tali......... rangi oyerukwera, kitaka, kyenju rundi erukwiragura.

Ruhanga Ali.... rangi zona – Abantu bona bakahangwaomukisaanikye.

Obuturora ebisaani bya Ruhanga ebibatire okukuba kwehangahanga okw'abantu baba batekerizeubo nkabo. Ekigambo kya Ruhanga kigamba Akahanga omuntu Omukisaanikye Wenka. Atagambe omuntuki? baitu abantu Bona bakahangwa Ruhanga kandi Omukisaani Kye.

Okubanza 1:27 NukwoRuhanga yahangire omuntu omukusaanikye wenka, omukusaanakwe nuho yahangire; omusaija n'omukazi akabahanga.

Ruhanga noha yakomere okumujwekera?

Omubyafayo, Ruhanga akakoma. Isareri, Abafalisayo. Ruhanga akabatekaniza kumara myaka enkum' ina (4,000) nukwo alete Omwana we Yesu Kristo, Masiya ayaizire kujuna abantu munsi

Ekyebiragiro 7:6 Baitu muli bantu abahikirire hali MUKAMARuhanga wanyu: MUKAMARuhanga wanyu abakomere okuba bantu abomuhendo abayekomiremu kub'abe wenka, okukira abantu bona abali omu nsi yona.
Bwire bunu, Ruhanga nakoma…….. Abo abaine amatu kuhura.

1Petero 2:9 Baitu inywe muli ihanga erikome nobunyakatangara obwaMukama, n'oruganda orurukwera, abantu abokutunga Ruhanga wenka, nukwo mwoleke oburungi bwogu ayabesire okuruga omu muirima, okutaha omumusanagwe ogu'amahano: ir'abakaba batali bantu, baitu hati bunu muli bantu ba Ruhanga:
Abakaba bataganyirwe, baitu hati bunu muganyirwe.

Ruhanga akatekaniza ata Abafalisayo?

Ruhanga akabeyoleka.
Ruhanga akatwara obwire hamuna Adamu na Hawa omumusiri Eden. Akabegesa omulingo gwokulindamu omusiri kandi n'omulingo basobora kwerinda hubo habwabo bonka. Nkoku tusoma ekitabo kya okuruga, turora Ruhanga nkoku yaikaire n'Abaisareri buli kiro, nabahabura. Nekicu omubwire bwanyamusana n'omuro mubwire bwekiro.

Okumara emyaka erukukira hali makumiana (40) nabalisa kuruga omungaroze kuhikya obubatahire omunsi eyi y'abaraganize.

Ruhanga akegesa Abafalisayo nkoku baraganikyaga enganikyo kuhikya obubayegere kuhandika ebyaira ebyali nibibakwataho. Akaboleka nkoku kyali kyomugaso kubakwasa Ebikumukwataho hamu n'amatekage kubiha abana babo n'abana ba bana babo.

Ruhanga akabegesa engeso nungi – basobora kumanya ekihikire n'ekitahikire.

Ruhanga Noha?

Kikatwara emyaka enkumiina 4,000 kutekaniza aba Isareri kutegeka kuijakwa Yesu.

- Adamu kuhika ha-Aburahamu — 2,000 emyaka — 20 obwijukuru
- Aburahamu kuhika ha- Yesu — 2,000 emyaka — 55 obwijukuru.
- Yesu kuhika hati — 2,000 emyaka

Matayo 1:17 Nukwo guti omugigi okuruga hali Aburahamu okuhika hali Daudi okuhika hali okutwarwa omu Babuloni eri migigi ikuminena kandi kutwarwa kuruga Babuloni okuhika ha Kristo erimigigiikuminena.

Hawaki kinu kikuru hali itwe?

Kikuru habwokuba nukwotumanye Ruhanga noha kandi nagonza kutugara hakuganja n'okuterana ebiyali aine naitwe kuruga hakutandika mumusiri gwa Eden.

Nayegomba tumumanye nkaiwe habwawe kandi mubwesimbu, nawe nkoku ayarubasirena Adamu hamu Aburahamu. Nukwo'ali ati owahuniriza okwegomba kwe nukwo iwe nanyowe tusobole kumumanya Nkoku Ali.

Zabuli 103:4 Akamanyisa Musa Ebikumukwataho n'ebikorwabye yabyoleka abana ba Isareri.

Nukwo tusobole kumanya Ruhanga.

LEKA TWIJUKE: RUHANGA NOHA?

1. Abantu abandi barora Ruhanga nka ekihangwa bakutebereza ekiriy'oku hara.
   a. Mazima
   b. Bisuba

2. Twine….Ruhanga habweki ekyali hatali itwe……kumwenda abe ekituli.

3. Obundi…….ngu Ruhanga Ali mukisaani kyaitu, hati twa……ku…….ngutukahangwa Omuki……………..

4. Ruhanga aka……..kara tutakahangirwe, Ruhanga Akaba, Ali kandi Aijakuba Mani
   a. Mazima
   b. Bisuba

5. Baibuli eri nka endagiro. Kigambo Kye kihandikirwe omuntu ku…
   a. Amanya endagiro nkoku tusobora kuruga mukibi.
   b. Ayetegereze Enyikaraye hamu N'amatekage
   c. Twomere munyikara yaitu kandi n'omwiguru tuhikeyo.

6. Ruhanga……..abantu bakwetwa Bayudaya kuraba……wubo Uwe Wenka.

7. Ruhanga aine…….. Kandi Aine Obukamabwe hamu Nihangalye Wenka
a. Mazima
b. Bisuba

8. Ruhanga warangiki?
a. Eyerukwiragura
b. Eyerukwera
c. Eya Kyenju
d. Eya Kibabi
e. Eyekunanata
f. Uwe Kyererezi
g. Kirima

ORUPAPURA 3

HABWAKI RUHANGA YAHANGIREABANTU?

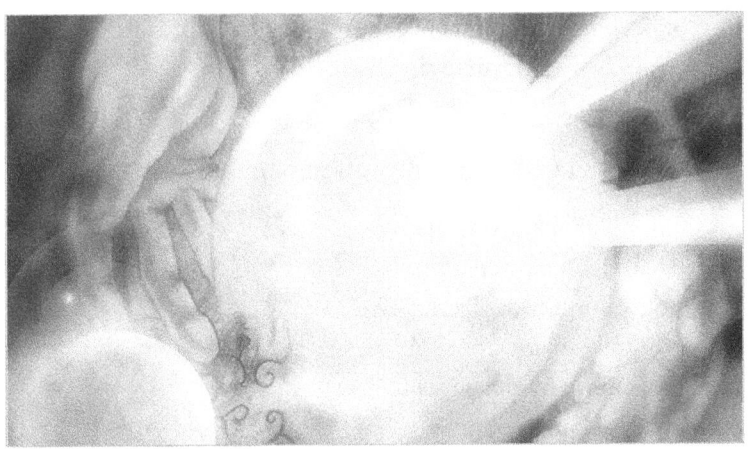

Ruhanga aine buli kintu, nasobora kukora buli kimu... Nahabweki yakuhangireki abantu?
Ruhanga habwaki yahangireabantu?
Ruhanga aine bulikimu, Nasobora kukora buli kintu kandi ebirungi byona bijwire Muliwe tarukwetaga kintu kyona, Nahabweki habwaki yahangire Abantu? Nkoku Ruhanga arukumaya buli kintu, akamanyaabantu be abarungi, Adamu na Hawa, nibaija kusisa. Akamanya Ebihangwabye ebitaine kamogo nibijakusisikara nibifa hamu nokuhwerekera

ekinikirugira mubutahura obwokwomera aheru ya Ruhanga.
Baitu nabwo habwaki yayeyongire mumaiso yahanga abantu?

Ruhanga akahanga abantu habwokuba akagonza kuba n'omuntu owayecweramu wenka kuba wobugabe kumumanya, Kubaza nawe nokwikara hamu nawe ebiro byona. Omutima omurungi ogwaRuhanga gukenda kuba n'omuntu ogu owarukumugonza akamara nawe ebiro byona. Akamanya kakuba naba n'abantu abataito obubaraija bakamumanya oburungi obuhuniriza obwa nkoku ali baija kwoleka bandi.

Abalevi 26:12 Kandi ndagenderaga omulinywe nimba Ruhanga wanyu na'inywe muliba Bantu bange.

Isaya 43:21 abantu abanayehangire nyenkamboleke okukugizibwa kwange.

Soma ebikaguzo binu ebikuhonderangana oikirize Ruhanga akusukure habwaki yahangire abantu.

MULINGOKI Ruhanga yahangiremuabantu?

Omuntu akahangwaRuhanga okuruga omu cucu y'ensi. Akahangwaomukisaani kya Ruhanga nukwo abe nobusobozi okulema ebintu byona ebyomezi ebiri omunsi bazale hamu n' okuba n'abana baleme baijuze ensi.

Okubanza 1:26 Aho, Ruhanga yagamba leka tukole omusaija omukisaani kyaitu omunsaana yaitu: Kandi leka abe nobusobozi hali ensamaki zona munyanja, n'ebinyonyi omumwanya, hamu n' ente n'ensi yona nabuli kyona ekyekura munsi, Ruhanga yahanga omusaija omukisaanikye Uwe Wenka, yabahanga omunsaanaye Omusaija hamu n'OmukaziRuhanga Nuwe Wenka yabahangire.

Okubanza 2:7 MUKAMA

Ruhanga yahanga Omusaija kuruga omucucu ay'ensi yahuha munyindoze orwoya orw'obwomezi kandi Omusaija yafoka Omwoyo Omwomezi.

Ruhanga akarora Adamu aliwenka, nahabweki yamukora Omukazi, Hawa kurugamwi igufa ly'orubaju rwa Adamu.

Kutandika 2:18 MUKAMA,Ruhanga yagamba, tikiri kirungi Omusaija kwikara wenka: Ninyija kumukora omukonyezi amusemerire.

Kutandika 2:21 MUKAMA Ruhanga yaletaho oturo twamani twagwera Adamu, aho yabyama: yaihamu igufa limu elya harubaju orumuobuyamalirize yasweka kurungi omubirigwe: Kandiigufa ly'orubaju MUKAMARuhanga yaihire omumusaija, yakoramu omukazi aho naho yamuleta omwomusaija we Adamu.

TUHANGIRWE tuta omukisaani kya Ruhanga?

Omuntu obwagamba, "nosaana omuzaire wawe Omusaija" obundi bagamba ngu nobaza, norubatanotekereza, nebikorwa byawe byona nibisaana ebya omuzaire wawe Omusaija.

Ruhanga obuyatuhangire, akatuha obusobozi, n'okwesobora okwembaganiza n'obw'okuroraho obukusaana obwe'ine. Twine Omwoyo ogukutuha obusobozi obwembaganiza kuramya, hamu n'okumanya Ruhanga, kubaza nawe kandi n'okuba n'okumanya okwokubahokwe.

Twine obugabe-Nitusobora kukomaho, kuhangahanga nitusobora kuhanga.

Tulibamagezi kandi abayiya-Nitusobora kutekereza, kwega, n'okwetegereza.

Twine amagezi ag'obuhangwa – Nitusobora kulema, kurumba tukatwara obusobozi, obukamahamu n'okutekaniza.

Omusiri ogwa Eden gukaba niguha?

Cumitiriza ekikaro omusiri ogurukukirayo oburungi rundi ekikaro ekyokusemererwamu mbere hatali oburumi, kubonabona, obugigi rundi kubonesiibwa. Buli kintu orukwenda kulya nikimera nkandi kyemeza kyonka habwawe.

Ebisoro bine kandi bikara omubusinge. Busaho nomu arukurwana, kukungana rundi abihirwe: busaho ntekereza embi rundi ebigambo ebitaku kwatagana. Ruhanga hamu n'abantube bakarubata kandi babaza hamu omumusiri orwebagyo omubwire bwa akabeho buli kintu kyali mazimakwo nukwokine kuba. Binu nibyo ebintu Ruhanga yakozire omukutandika- habwa'abantu be yagondeze.

Okubanza 2:8 Kandi MUKAMARuhanga akabyara omusiri mubuturuka musanabwaEden; nuho yata Omusaijaowuyali ahangire okuruga omw'itaka 9 Kandi mw'itakaeri MUKAMARuhanga yamezamu buli mutigwona ogusemiire kugurorahoKandimurungi kugulyaho ebijuma byagwo. Omuti ogwobwomezi nagwo hagati y'omusiri, n'omuti ogwamagezi ogwo kumanya ekibi hamu n'ekirungi.

KIKI ekyali Kimu Kiti ekya Otakikora?

OTALIRY'Ahamuti ogwa okumanya ekirungi kandi n'ekibi

Obujemu, obutahura, obutahanwa, kwehagura, ebisuba, obuterenganiza, kuswaza, kutesigwa, kwekengera, ebibi bingi bikaimukirizibwa eki kyonka ekya "Otakikora" Ruhanga ekiyagambireAdamu na Hawa, mazimatitukwetaga amateka na ebiragiro kurora ni twimukya okusisa kwaitu okwo buhangwa.

Mazimakwo titukwendakugambibwaho kukora ekihikirenitugonza "**okukora ebintu ebyaitu omukugonza okwa'itu**" hatali okwa MUKAMA Ruhanga.

Okutandika 2:16 Aho MUKAMARuhanga yaragira Omusaija, nagamba, ati buli muti gwona ogw'omumusiri oli wobugabe okugulyaho ebijuma: 17 baitu omuti owgw'okumanya ekirungi n'ekibi otalilyaho. Ekiro ekyoligulyaho mazimakwo olifa.

OMUNYANZIGWA OWA Ruhanga omuati noha?

Ruhanga omunyanzigwawe omu wenka, munyamahano omubi,anobaRuhanga kandi anoba n'abantube. Tarukwenda Ruhanga abe n'abantuabarukumwenda. Onu omunyanzigwanakora kyona ekikusoboka omububi bw'amani g'ebibibye kuhwerekerezaentegeka n'entekaniza ya Ruhanga. Onu omunyanzigwa ibaralye nuwe Sitani rundi omwohi. Akaija omumusiriogwaEden yayeforank'enjoka kubyara ebisuba omucumitiriza hamu n'omuntekereza yaAdamu na Hawa. Obugobyabwe, bukasyangasyanga amazima, yahangira Ruhanga, yabihabiha Hawa yabaza ebisuba. Ekigendererwakye kikaba kwiba, kwita nokuhwerekereza.

Okutandi 3:1 Hati enjoka ekaba nobukalabakalabaokukira ebisoro ne enyamaiswa zona omurugonjoMukama Ruhanga ebiyahangire. Hati yagamba omukazi hanuRuhanga akabagamba ngu mutalilya buli hamuti oguli omumusiri? 2 Aho Omukazi yagarukamu enjoka, twina kulya ebijuma ebyemiti endi yona mumusiri 3 baitu ebijuma ebyomuti oguli hagati yomusiri, Ruhanga akagamba tutalilya ebijuma bya gwo nakati. Kitalyeki Nitufa: 4. Enjoka yagamba Omukazi ngunumufa!? 5 Ruhanga namanya ekiro ekimuligulyaho ebijuma, Amaiso ganyu nigaija kukinguka mube nkaRuhanga kwali kumanyakirungi n'ekibi 6. Aho Omukazi obuyarozire ati omuti guli murungi kulyaho ebijuma, Kandi murungi nugusemeza kwikara nogurora namaiso, Kandi, omuti ogu nigukwegombesa omuntu okuba namagezi, aho naho yanoga ekijuma yalya yatwaraho Adamu nawe yalya 7 Ahonaho amaiso gabo bona gakinguka bamanya nkoku bataha bali busa.Aho bateraniza ebikora byo omuti ogwa sekamo bingi hamu bayekora buliomu ekyokweswekera leka tukyete (apuroni). 8. Hanyuma bakahura iraka lya MUKAMARuhanga narubata omumusirimumabeho agatekaine mubwirebwamusana: Aho Adamu na Hawa mukaziwe bamwesereka okuruga hakubahoKwaMUKAMARuhanga hagati y'emiti y'omumusiri. 9 Aho MUKAMARuhanga yayeta Adamu namugamba oli nkaha? 10. Kandi huwe yamugarukamuati mpulire iraka lyawe mumusiri, natina habwokuba ndibusa; hati nayesereka. 11. UWE yamukaguza noha akugambire ngwoli busa? Olire ha muti nataireho ekiragiro nakutangakulya? 12. Ahonaho omusaija yagamba, Omukazi onu owuw'ampaire kwikara nawe, ampaire ekijuma kya hamuti nanyowe nalya. 13. Aho Omukama Ruhanga yagamba Omukaziati kiki ekyokozire? Omukazi yagarukamuenjoka niyo embihabihire mukumalira naikiriza nalya.

Ekibi kimukyonkakurugamu emitalibyaine nyingi

Adamu na Hawa bakabonabona emperayekibi rundi okusasurwa kw'ekibi kyabo.
   Okubanza 3:16 Aho Ruhanga akagamba Omukazi, kinu ekyokozire Ningya kukwongeza muno obusalizi omukuzara; Kandi omubusalizi nuho orazarraga abaana; Kandi nokwegomba kurabaga ha Musaija wawekandi arakulemaga. 17. Kandi yagamba Adamu, habwokuba ohulirize iraka lya mukazi wawe, walya ekijuma kyo omutinakutangire inti otalyaho. Ensi ngikyenere habwawe, munaku nuho oratungiraga ekyokulya obwomezi bwawe bwona. Yagamba enjoka mwi ltaka nuhoorayekuraga kandi olye itaka ebiro

byona ebyo bwomezi bwawe 18. Adamu amahwa hamu namatojobirakucumitaga nobirima kutunga hokwiha ebyokulya, Kandimuralyaga ebisaka byomukisaka 19. Kuruga muntuyo z'amani gawenuho oraihaga eky'okulya kuhika obwoligaruka omwi itaka nuho warugire. Omucucu nuho warugire kandi mucucu nuho oligaruka.

Omusaija takyarubata nokubaza hamuna Ruhanga emitalibyaine, nenaku n'ebizibu bikaija kuruga embaju n'embaju zona. Ensi ekafoka ekikaro kibi ekyokwikaramu habw'ekibi.

Ruhanga akabagambira ebintu binu byona bija kubaho habwokujemera kimu kyonka ekiyabatangire ekya "LEKA" Ekintu kinu kyaleta"Okufa"

Hati omuntu nazarwaaine okwenda kusisa kiri mu busigo obw'obuzalirwana omusagama yaitu murujungu bagyeta (DNA).

Barumi 5:12 Nukwokiti ekibi kyatahire omunsi habw'omuntu omu, Kandi n'okufa nukwokwahikire kuti h'abantu bona, nahabweki bona bakasisa.

Abatu bakaburwaho orwoya rwaRuhanga orwa enyetwazaye n'okugonza kwingiokwatwinire. Abatu babuza Amani ga obwa Ruhanga agachwamu kukora kiki ekihikire bacwamu bafoka bairu b'ekibi. Abantu bebaganizemu kuruga haliRuhanga owuyabahangire okuba hamu Nawe.

Abantu nibakyababiha, Sitani nabagambiraebisuba nabatamuobwohibwe nafora ekibi kuzoka nka ekirungi nacweraomunsango Ruhanga ngu alemire abantu.

NINKAHA okunihira kwaitu mbere kuli?

Ruhanga entegekaze z'amani kukira obucheke bwaitu n'obutahura.wuwe Mugezi muno okukiraSitani ogu owaiba kandi akahwerekereza. Ruhanga entegekayeyamani nekirrakimu buli kibi kyona. Okwikiriza kwaitu kuli ha

Omujuni, owaine ekyokutugarukamukandi akasemeza enkoragana yaitu eyasisikaire. Ruhanga obwomezi bwo Omwana we n'okufakwe bija kugara Omuntu ha ekoragana eyehikire na Ruhanga Iseitwe kakuba twikiriza Yesu, obuturaikiriza obugabirizibwe, tukaganurwamu nituba bantube nawe naba Ruhanga waitu.

RUHANGA NAGOZA OFOKE omu h'Abantube.
Ruhanga nakugoza kandi nagonza iweomanye kandi oyege emihandaye. Naija kukujuna kuruga mubisuba bya Sitani n'obusibebweobwekibi. Ruhanga nagonzaokwegarure n'akusigamu obwokuroraho obuyahaire Adamu. Ruhanga nagonza akugare "Omukisaani kya Ruhanga." Noija kuba omu h'abantube obe owembaganizahabandi nawe naba Ruhanga wawe, noija kwega okumumanya. Kurubata nawe no'okubaza nawe.

LEKA TWIJUKE: HABWAKI RUHANGA YAHANGIREABANTU?

1. Ruhanga akahanga Abantu habwokuba............
a. Akaba aine amasu
b. Akaba ataine owa kumugonza
c. Akagonza Abantu abahe obugabe kukomamu kwikara Nawe ebiro n'ebiro
d. Bamalaika bali bataine obusobozi kwijuzaho engonzi yali nayetaga.

2. Ruhanga Abantu akabahanga ata?
a. Akabaza bubaza Omusaija yahangwa mukubaho
b. Akahanga Omusaija okuruga omucucu.
c. Akaha bamalaika omubiri gwa abantu
d. Kabasobozesa kwefora kuruga mubwomezi bwe ekikakya hansi

3. Kweyongerayongera mukisaani kya Ruhanga nikimanyisaki?
a. Twine obugabe kwekomera ekitukwenda Nawenkoku Akora
b. Twine obusobozi kuhanga Nawenkoku Ahanga

4. Kiki Sitani ekiyali namanyisa obuyabihirebihere Hawa
a. Kwiba ekoragana hamu na Ruhanga

b. Kuhwerekereza entegeka ya Ruhanga aine ha Muntu
c. Kwahukaniza omuntu kuruga ha Ruhanga
d. Byona ebihandikirwe iruguru

5. Biki ebiruga mukuchambaituka kuruga ha kibi kyo omuntu
a. Omuntu hati nazarwa n'ekigendererwa ekyo kusisa.
b. Omuntu akaba mwiru wa ekibi
c. Ensi enungi eyahangirwe ekaba nzibu muno kwikaramu
d. Byona ebihandikirwe iruguru

6. Kunihira ki okuliyo habwo omuntu
a. Kwikiriza omwana wa Ruhanga nka omujuni waitu nitufoka bantube
b. Kuba tugezaho muno kwikara kurungi, Ruhanga asobora kwongera kutwikiriza
c. Kakuba tukora ebihikire byonka tusobora kutunga obunywanibwe
d. Kakuba tusoma Baibuli tukagihondera n'obusobozi bwaitu bwona

ORUPAPURA 4
EKIBI KIKI?

Isaya 59:2 Baitu ebibi n'okusisa kwaitu bitwihire haliRuhanga waitu, habwa ebibi byaitu amaisoge gaturoraagatwihire gaturugaho itwena, nahabweki tarukwija kutuhura, ebyahandikirwe nibitugambira ngu ekibi kyaitu kitwiha haliRuhanga.

Omunsi yaitu hati baingi tibarukwenda kumanyira ekibi nibatekereza ngu ekiturukukora nikyo kihikire kandi titukwenda kuhinduka rundi kuhanwa. Baitu nkoku Ruhanga WaAbrahamu, Isaaka na Yakobo nagamba ngu ekibi kitwiha haliRuhanga. Twine kusera amaisoge turuge ha kibi nukwo tukole ekyakutugambira nukwotwija kurora amaisoge tuhure ebigambobye ebyakutugambira.

Wetegereze ekara na ebikaguzo binu oikirize Ruhanga kukwoleka eki ekyayeta kibi, nankoku agamba emiringo kija kusisa obwomezi bwaitu na kiki ekitusobora kukora kukileka. Ekibi nikimanyisa kukora ekitutarahangirwe kukora. Kinu ekindiyo ninkora kibi? Wekaguze iwe wenka ebikaguzo kinu?

- Ekibi nikikuletera kukura bwango?
- Nikikurwaza rundi noikara oli mucheke omu bwomezi?
- Oine okuhura nokirwanira rundi nogamba ngubusaho kizibu
- Okahura muli iwe norumirizibwaobuwatandikire kukikora?
- Noyelinda kutongera okakikora muno?
- Hikyo kibi?

Abarumi 6: 23 Empera ey'ekibi kufa, baitu ekisembo kitaroho kusaba amagobaekya Ruhanga bwomezi obutahwaho kurabamu KristoYesu Mukama waitu.

Ruhanga Ekibi akyeta ata?

Ganu Amateka 10
　Kuruga 20:1 Aho Ruhanga yagamba ebigambo binu byona, nagamba ngu
　2. Ninyowe MUKAMA Ruhanga owuyabaihire omunsi ya Misiri okuruga omu nju yobuiru.
　3. Mutaliba na baruhanga abandikunu Nyowe Ndoho.
　4. Mutalyeko'raekisaani kyona rundi eki kyesaniriza ekintu kyona ekiri omuiguru haiguru rundi ekisaani kyona, nobukyakuba ekisaani ekye kintu kyona ekiri haiguru na hansi

Ekibi kiki? 27

ha itaka, n'obukyakuba ekiri omumaizi agali hansi yitaka okuzimu:

5. Baitu mutalibiramya rundi, kubiinamira ebi otalibiko'ra habwokuba Nyowe MUKAMA Ruhanga wawe Ndi Ruhanga wihali. Ninjunaniza abana ebibi byabaisenkurubo, okuhikya obuijukuru obwakasatu nobwakana obwaabantu abarukunoba.

6. Kandi ningir'a embabazi abantu enkumi nenkumi abarukugonza niberinda ebiragiro byange.

7. Otalirahir'a busa Ibara lya MUKAMA Ruhangahabwokuba MUKAMA alimutaho omusango anyakurahi'ra busa Ibaralye.

8. Oijukege ekiro kya Sabiti, kukirinda kihikirire

9. Ebiro mukaga okolege kandi omale emirimo yawe yonna

10. Baitu ekiro ekyamusanju niyo Sabiti hali MUKAMARuhanga wawe,hakiro eki otalikora omulimo gwona, iwe, nobwakuba omwana wawe, omwojo, rundi muhara wawe, nobwakuba omuzana wawe, rundi omwiru wawe, nabuzakuba ente zawe rundi omunyaihanga owali omunda yamalembo gawe.

11. Baitu omubiro mukaga MUKAMA akahanga iguru nensi enyanja nebintu byona ebirumu byona yamara yahumura hakiro ekya musanju: nikyo MUKAMA yaherire omugisa ekiro kya Sabitikandi yakiha ekitinisa

12. Otine kandi ohe ekitinisa abazaire bawe Tata hamu na Mama wawe nukwo ebiro byawe bibe bingi omunsi MUKAMA Ruhanga eyakuha

13. Otaliita

14. Otalisihana

15. Otaliiba

16. Otalihangirira busa mutahi wawe

17. Otalinyaga enju yamutahi wawe, otalyegomba okanyaga omukazi wa mutahi wawe nobwakuba omuiruwe, nobwakuba kunyaga omuzanawe, nobwekuba enimiy'enteyenobuhakuba enkainaye, nobukyakubaekintu kyona ekya omutahi wawe

Ekibi kitwahukaniza na Ruhanga. Ruhanga nayenda kutugara hankoragana nokuterana ebiyaliaine naitwe hakutandika Omumusiri gwa Eden.

Matayo 6:24 "Busaho muntu asobora kukora abakama babiri" bwaitu alinobaho omu nagonza ondi, rundi oligumira homu nagayakandi. Timukusobora Kukor'aMUKAMA Ruhanga okamugonza kandi kunu noyenda muno sente.

Okubara 15:37 Aho MUKAMA yagambira Musa, nagamba ati, 38 Gambira abana ba Isareri, obaragire beko're emiyondo omu ntegi, ezebyokujwara byabo kuhikya obusinge bwabubwona. Kandi bate ha emiyondo yomu ntegi akaguha ka bu'ru. 39. Ndi kirabaga na-mberemuli emiyonde mugirolege mwijukege ebiragirobyona ebya MUKAMA kandi mubikolege, 40. Mwijuke kandi mukolegeebiragiro byangebyona muleke okugenderaga ha'emitima yanyu inywenka, namaiso ganyu inywenka, agamwayehulizaga nimugenda omubusihani: Kandi mube abahikirire haliRuhanga Wanyu.41. Ninyowe MUKAMARuhanga wanyu, ayabaihire omunsi ya Misiri okuba Ruhanga wanyu: Ninyowe MUKAMARuhanga wanyu.

Kiki ekitwine kukorakulemesa EKIBI?

- Twiruke ekibi
- Twebundaze, twekwaseRuhanga
- Twehakane sitani omunyanzigwa
- Twirehaihi na Ruhanga
- Naba engaro zawe
- Ocwemu ohinduke eleke ekibi
- Wegarukemu oleke ekibi
- Twebundaze hali Ruhanga
- Tuli bobugabe kuleka ekibi

1 Abakolinso 6:18 Iruka oteme emisinde okwejuna

Ekibi kiki? 29

obusihani. Buli kibi kyona omuntu ekyakora akikora kityaine mubiri baitu oguawa sihana asisa n'omubirigwe ogwewenka.

Weheyo hali Ruhanga: Wekambe kutungirakimu amagezi aga Ruhanga omukumanya hamun'etegeka yobwaRuhanga. Yakobo 4:7 Nahabwekioyohereyo kimu ha Ruhanga. Wehakane Sitani, naija kwiruka 8. Mwire haihi Ruhanga, nawe alibairra haihi munabe engaro zanyu inywe abasisi, kandi musemeze emitima yanyu, hamu na'etekereza yanyu eya obugobya. Mutuntule, mutere empamo kandi murre okuseka kwanyu kufoke empamo no kusemererwa kwanyu bubeobujune 10. Mwebundoze inywe omumaiso ga MUKAMA nawe alibaimukya haiguru.

Tukoraki OBUTUSISA?
Twine kurora ekibi tukozire nkoku Ruhanga akukirora. Titwine kukibuza buza rundi kukiganyira. Twine kwegarukamu.

Kwegarukamu nikimanyisaki?
Kwegarukamu nukwo okurora ekibi tukozire nka omulingo ogwa Ruhanga akiroramu kubi. Bwango tutunga obusalizi bwa ekibi ekitukoziretukirekerakimu obu oteho n'okukiruka bwiruka.

2 Bakolinso 7: 10 (NLV) Obusalizi Ruhanga obwakozesa buletera abantu okwegarukamu bahinduka baleka ekibi nukwo batunga kujunwa kirugira ha kusalirwa omusango ha bwe ekibi kyabo. Ruhanga akozesaAbaantu basalirwa ha bw'ebiibi byabo. Twine kuba n'onkusemererwa ha bwokutunga obusasi nkobu, baitu obusasi bwa ensi enu buleta okufa.

Okweyijukya kw'omuntu tikuli okwegarakamu
Abaheburaniya 12:16 Kandi hatabaho omusihani wena, rundi omunyanfusi ota kutinaRuhanga. Nka Esau

habw'akaihuro k'omugoyo akatunda obugwetwabwe 17 Numukimanya nkoku yakubaire, kuba yatungire omugisa ogwo obugwetwabwe.Atatunge kaire kwegarukamu bakamucwayo obuyagondeze okugwetwaomugisa nobuyaguserwire narra n' amaizi.

Kandi kakuba tuba baceke hali ekibi?

Ensonga habwaki Ruhanga yasindikire omwanawe omu wenka. Yesu akafahamusalaba habwaitu nahabweki kikaletwa itwe kuba baceke hali ekibi.

Omuhanda gw'onyini ogwokuba mazimakwo owazairwe ogwakabiri guli kuhangaho obwomezi obusyaka omuli itwe kuraba omumulingo ogwaRuhanga atuhairekuraba omu' Amani okusingura ekibi. Kunu nukwo kugonzakwaRuhanga.

Matayo 5:6. Banyina omugisa abo abaine enjara n'iroho olyo okukora obuhikirire, baliguta.

Matayo 5:8. Banyina omugisa abahikirire omumitima. Abo baija kurora Ruhanga. Ruhanga naija kukora hamu nabo abakwija kukora hamu nawe.

Luka 12:32 Mutatina inyweabaine Igana ritaito, habwokuba nikiha ise'inywe kusemererwa okubaha Obukama.

Abafiripo 2:12.Hatiabagonziibwabange, nkoku mubaire bahulizi hatalingu ndoho bwonka baitu hati na'amani maingi muno nobunkuba intaroho, muhikirize okujunwakwanyu inywenka omukutina nomukutukumira; habwokubaRuhanga nuwe akukoraa omulinywe okugonza kwe nokujaguliza omuburungibwe asiimire wenka.

ISAYA 26:12 Mukama aija kutuha obusinge nkoku atutairemu emirimo yona habwaitu. 13 Ayi bojo Mukama Ruhanga waitu; abakama abandi abakatulemesa; kunu iwe Oloho; abaitu omuli iwe wenka nuho turaramizaga Ibara Lyawe 14. ubo bafire, tibaliba bomezi; bakabire, tibalihumbuka; nikyo wabaitiire, wabahwerekereza, waburanganiza okwijuka kwabo kwona, nebijukizo byabo byahwaho.

Baibuli ekibi nekyeta eta?
Abagalatiya 5:19 baitu ebikorwa byo omubiri ebyeyoleka nibiha? Katubimanye: obusihani, oburofu, kuhemura, orwanju, okuramya ebisisani, kuroga, obunyanzigwa, okukungana, ihali hamu nakal'itango, ekiniga, empaka, obutamizi, obutemu, itima, okwegomba, nebirukusana biti: nimbanza okubagambira hali ebi, nkoku nabandize okubagambira inti abo abakora ebirukusana biti tibaligwetwa Obukama bwaRuhanga.

Baibuli eyesomesa neyanjura ebigambo n'amazima gona (Amplified Bible)
Galatians 5:19 Ngu ebikorwa ebyomubiri bya rwatu tibine kwesereka kwona: Nibyo obusihani, obutalibuhikirire, okuhemurana, okuramya ebisisani, kubandwa, Kunobangana, epakka, Ihali, ekiniga ekibi muno, kwefaho wenka, kwechwamu, omwoyo ogwo kwenda kugenda mubidura, ebitebe bya abayaye/aba amasano, orugambo, itima,etamiro, ebidura by'etamiro, obusegu n'etooko. Nebingi nkebi.
Nimbagambira mwegendereze nkoku nasangirwe mbagambire irra, inti aboboona abakora ebikorwa binu tibaligwetwa omu' Obukama bwa Ruhanga.
EKIBI nikyo KUTAKORA eki ekibaturangire kukora.
Omubwomezi bwaitu Ruhanga atuha amateka hamuna ebiragiro tubihondere binu nibiyamba kufora omuntuowuyahangire kubamuhulizi. Nikiyamba n'abandi. Hati obututahuliriza tukata amateka n'ebirangiro bya Ruhangaomunkora yago kibi.
Soma orufumo rwa abaisiki abagezi n'abadoma abayerinzire batakakorahoga busihani. Matayo 25: 1-13.
Ekyebiragiro 30:20 Kiragiro kugonzaga Mukama Ruhanga wawe, hamu n'o kwebundaza nohuliriza irakalye kandi

omweboheho habwokuba nuwe bwomezi bwawe kandi n'omuhendo gwa ebirobyawe kwikara omunsi Mukama eyiyarahiririre abaswenkuru Abrahamu na Isaka, na Yakobo okugibaha.

Yona 1:1 Aho ekigambo kya Mukama kyaizira Yona mutabani wa Amitai nikigamba ngu imuka, ogende Nineve, orubuga oru orukoto nkandi rw'amani orulilire amaizi orurangireho, habwokuba ebibi byabo bimukire byampikaho omumaiso gange. 3 Baitu Yona akaimuka yairukira Tarasisi okuruga omumaiso ga MUKAMA. Yagenda Jopa yasanga eryato nirigya Tarasisi yasasura senteyagenda nabo obu nairuka amaiso ga MUKAMA Ruhanga.

LEKA TWIJUKE: EKIBI KIKI?

1. Ekibi nukwo kukora ekyatuhangirwe
a. Mazima
b. Bisuba

2. Ekibi nukwo kukora ekitutarahangirwe kukora. Ekibi nikija……rundi nituba abatali bomezi

3. Mutali………ekintu kyona…………rundi…..ekiri omwiguru rundi Munsi rundi ekiri omumaizi rundi hansi okuzimu ya ensi.

4. Otalirahirabusa………….lya Mukama……………..busa kandi Mukama talimuganyira ogu…………..Ibaralye………….

5. Kirikubera kikoligo iwe owarakigayagaya, kandi………… ebiragiro by Mukama hamu……...ngu ogu wena………..kuruga hali………….n'omutima hamu n'amaiso gawe agokozesa n'ohuruguma.

6. Twine kutema emisinde kuruga ha kibi
a. Mazima

b. Bisuba

7. Twine kweridira harubaju rwa sitani
a. Mazima
b. Bisuba

8. Itekka kuba haihi na Ruhanga
a. Mazima
b. Bisuba

9. Twine kwehakana sitani hamu n'ebikorwabe
a. Mazima
b. Bisuba

10. Twine kuba bahulizi kandi kuhura amagezi ag'obwa Ruhanga
a. Mazima
b. Bisuba

11. Kiki EKITALI kwegarukamu
a. Kwebundaza omumaiso ga Mukama
b. Kurugira kimu hakibi
c. Omuntu kweyijukya
d. Kusaba Mukama ekiganyiro

12. Baibuli eky'eyeta ekibi "Hati engeso zomubiri nebikorwa by'olwatu nibiha?
Kusihana.........oburofu.........
kuramyaebisisani,oburogo..........omugayo,
Obugobya............... okusendasenda,obwisib-
wamaka............,obutemu.
.............ebinyumo, Nebindi ebirinkabinu ebinabagambire omubwire obwenyuma, inti aboboona............,............,
tibali.........Obukama bwa Ruhanga.

Leka twijuke: Ekibi kiki?

13. Ekibi nukwo kutakora ekitwali twine………… kukora.

14. Kwegarukamu nikyo
a. Kwiruka ekibi
b. Kwegarukamu hati ekibi ekitukozire tukakirekera kimu
c. Tugaya kwegarukamu tweyongerayo mumaiso n'okusisa.
d. a and b nukwo twegarukamu.

ORUPAPURA 5
YESU NOHA?

Hati twetegerize nkoku ekibi kitwiha haliRuhanga: Itweena tusisire hati nitusobora kukoraki?
 Obwire obumu tuhurra twahukaine Kandi nitwenda kugenda mumaiso nukwo tusobole kugaruka munkoragana yaitu hamu n'owobusobozi ataine kubanza nokumalira Ruhanga owaAburahamu, Isaaka, na Yakobo.
 Wechumitirizeho osome ebinu n'ebikaguzo hansi, oikirize Yesu akwesukure.

Habwaki twahukaine na Ruhanga?

Ruhanga, Omuhangi wabuli kintu kyona Akarubata na Adamu hamu na Hawa Omumusiri Edeni. Adamu akasisa.

Ekibi kya Adamu kyamucwahohamu n'omugigi gwa abaijukurube bona kuruga haliRuhanga.

Kitaito muno kandi nikihuniriza

Okubanza 3:23 nahabweki Ruhanga yabinga Adamu kuruga omumusiri Edeni, yata oburuga izoba bwa omusiri gwa Edeni Abakerubi yatayo omuro oguli haepirima ikara neyetorora bulihamu kulinda omuhanda ogw'omuti ogw'obwomezi

Adamu na Hawa bakyenwaKandi baba bonka

Kikatwara obwomezi kurabira omukusese esagama nukwo ebibi byaitu biganyirwe Ruhanga kinuakakyeta ekyonzira.

Abalevi 4:35. Aho Nebisajwa byayo byona alibihaho, nkebisajwabyentama okubihwaho hakyonzira ekyobusinge habihebwayo: KandiOmwahule nyakatagara, nabyokya ha olutali y'ekyoto, nikirungira ha ebyonzira ebikolirwe hamuro kandi gwa MUKAMAkandi Omwahule Nyakatagara alimulehera hawekibi kye ekyaliba asisire kandi aliganyirwa.

Abe nyikiriza nyingi munsi munu, ezikora emikoro eyerumu n'ekyonzira ekyokusesa esagama habwokuganyira ebibi byaitu. Kyokuhuniriza kusangwan'abantu abatakahurahoga Ruhanga kumanyangu ekibi kikatwihahoekintu kyamani.

Yesu NOHA?

Yesu MwanaWaRuhanga

Yohana 3:16 Ruhanga nukwo ati yagondeze ensi, nahayo Omwanawe omu wenka, nukwo buliomu anyakumwikiriza aleme okubura, baitu atunge obwomezi obutahwaho.

YesunuweRuhanga alinaitwe (Emmanuel) – Ruhanga munsi.

Matayo 1:23: Dora omwisiki atamanyire musaija alizara,

Omwana wobwojo balimuruka Ibaralye Imanueri kukisumura nikyo, -Ruhanga alinaitwe.

Yesu akafoka Muntu akujuna omuntu matayo 1:21 "Naija kuzara omwojo; Kandi noija kumurukaYesu, naija kujuna abantu kuruga mubibi byabo".

Ruhanga akatuma Yesuyamara yamuhayo okufoka ekihebwayo ekyokumalira.

Yesu akafoka kyonzira habwebibi byaitu.

Yohana 1:29 Ekiro ekyayongireho Yohana akarora Yesu naija mbere ali, kandi yagamba, dora Omwana WaRuhanga, ogu owarukwija kwihaho ebibi by'ensi

Ekyonzira (Ekihebwayo) kyebyokusisa by'omuntu kyakorwaga omurundi gumu omu mwaka. Yesu akaba kyonzire okufa Hamusalaba busaho kihebwayo kindi kyona ekirukwetagwa. Yesu tatwogyahoeby'okusisa byaitu byonka baitu atusemereza kimu kuruga habyairanaira, nahati na omumaiso kandi akoraho emitima yaitu nukwo tutongera kwomerera mukibi.

1John 1:7 Baitu kakuba turubatira omumusana nkoku ali Musana, nituba na ekoragana itwena kandi esagama ya Yesu Kristo Omwana wa Ruhanga netwogya kutwihaho ebibi byona.

YESU akatugara ahali ISE Ruhanga

Yohana; 20:27 Yesu yamugambira ati otankwataho; habwokuba tinkatembere omu'iguru ahali Isenyowe. Baitu genda hali bagenzibange, obagambire oti, nintemba omu'iguru ahali Isenyowe, Kandi Ise inywe kandiRuhanga wange hamu nainywe.

Yesu akaba kihebwayo ekyomuhendo, ekyamaliririre kumufora mujuni waitu.

Matayo 1:23 "Noija kuzara omwojo; Kandi mwija kumuruka ibaralye Yesu,habwokuba naija kujuna abantube kuruga mubibi byabo.

Yohana 1:1 Hatandiko kyali kigambo, kandi ekigambo kikaba kiri humu na Ruhanga, kigambo kikaba kiri Ruhanga. 2. Nikyo kimu kyali na Ruhanga omukutandika kuruga ira naira 3. Ebintu byona, bikahangwa Uwe; Kandi hatali Uwe busaho ekyahangirwe kyali kiroho. 4. Omuliwe yali bwomezi, kandi obwomezi bukaba buli musana gwa abantu omuensi. 5. Omusana gukakira omu'irima; Kandi omu'irima gutasobole kutanga omusana 6. Haroho omusaija, Ruhanga yatumire ibaralye Yokana. 7. Nuwe omu akaija habwa kaiso kandi kuba kaiso w'omusana nukwo abantu bona kuraba om'uwe baikirize. 8. Akaba atali musanabaitu bakamutuma kuba kaiso w'omusana. 9. Ogu nugwo,gwali musana gw'amazima kandi gw'amananu ogwaka nuguhikaho buli Muntu owazarwaomunsi. 10. Akab'ali omunsi Kandi ensi nuwe yagihangire, baitu ensi etamumanye. 11. Akaija omu abebonyini baitu abe batamutangire kandi batamwikirize. 12. Baitu boona abamwikirize akabaha obusobozi okufoka abana ba Ruhanga. Naboabarukwikiriza ibaralye. 13. Abatarazairwe musagama, no bukwakuba kugonza okwomubiri, nobukwakuba kugonza okw'abantu, baitu abazairwe Ruhanga. 14. Aho Kigambo yafoka omubiri yaikara hamu n'okwomera omul'itwe (tukarora ekisaanikye, nk'ekyogu ayazairwe omu wenka Ise'itwe), aijwire embabazi namazima.

LEKA TWIJUKE: YESU NOHA?

1. Yesu nuwe................wa Ruhanga

2. Yesu Imanueli-Ruhanga ali........................

3. Yesu akafoka........................ hali................ abantu

4. Ruhanga kaleta Yesu Munsi kufoka "............ekihongwa habwa................"

5. Baitu kakuba............omusana,............nkoku ali musana,twina............ nabuli omu kandi................ okwa Yesu Kristo omwana wa Ruhanga.................. itwena kuruga omu ebibi.

6. Yesu nuwe kikukirayo omubihongwa byaitu akafoka omu........................

7. Baitu abaingi abamwikirize akabaha..................okuba................ba Ruhanga, hamu nabo aba....................kuraba omw'Ibaralye

8. Aho kigambo yafoka…………..kyaikara omul'itwe hamu n'okwomerra omuli itwe (tukarora ekisaanikye, nka ekyogu ayazairwe omu wenka Iseitwe), aijwire embabazi namazima.

ORUPAPURA 6

KWEGARUKAMU KIKI?

Hati tumanyire twine ekizibu, ekibi kitwiha hali Ruhanga owaAburahamu, Isaka, na Yakobo. Owuyalesire Omwanawe abe kihongwa kyaitu ekimaliririre kandi ekijwire.

Tuhika tuta Ruhanga mbere arukututwara?

Soma oyetegereze ekarra hamunabinu ebikaguzo hansi kandi oikirize Yesu kukwoleka omuhanda ogurukutuhikya omwa Ruhanga.

Ekizibu nikyokiha?

Okubanza 3:22 Aho Mukama Ruhanga yagamba, murole omuntu afokere nkomu hal'itwe, Okumanyaga ekirungi n'ekibi:. Hati leka oiheyo omukono ayongere acweho omuti ogwobwomezi agulyeho kandi ayomere ebiro nebiro. 23. Nikyo Mukama yamubingire omumusiri gwaEdeni, alimege ensi nambere yaihirwe. Nukwo yabingamu omuntu; yatamu bakerubi harubaju rw'omusiriEdeni orwo buruga Izoba na busitama erukumulikya erukuhindahinduka okulindaga omuhanda gwomuti ogw'obwomezi.

Abarumi 3:23 baitu bona bakasisa, baruga habuhikire na hakitinisakya Ruhanga ;

Abarumi 5:12 Nukwo ekibi obukyatahire omunsi; nukwo n'okufa kwahikire kuti ha bantu boona. Habwokuba boona bakasisa.

EKYOKUKORA Nikiha?

Kwegarukamu Yohana omubatiza akaija akubanza okutekaniza Ensi ya Yesu;

Engeso zabakwenda 19:4 Aho Paulo yagamba ati Yohana mazima akabatiza nokubatiza okwokwegarugamu, nagambira Abaantu baikirize omuliuwe arukugya okwija enyumaye, kurabira omuli Yesu Kristo.

OKWEYIJUKYA KW'OMUNTU tinukwo okwegarukamu

2 Bakolinso 7:10 Baitu okututura okwa Ruhanga akozesa kuletera abantu okuba n'okuganya ha bw'ekibi kyabo aho bahinduka baleka kurubatira omu kibi. Begaruka mu nukwo bajunwa obutafubirwa habw'ekibi. Tusemererwe kuba n'okweyijukya nkoku, baitu okweyijukya okw'omunsi enu nikuleta okufa

Ekyokuroraho ekyokweyijukya hatarumu kwegarukamu.

Matayo 27:3 Nubwo Yuda ayamugobize, obuyaboine omusango Yesu gumusingire, yayegarukamu, yagaru'ra banyakatagara abakuru nabakuru ebicweka ebi amakumi asatu ebyefeza. 3 nagamba, ati Nsisire okugobeza esagama etaloho omusango. Baitu nabo bamugambirangu Guli hali itwe? Musango gwawe. 5. Yanaga hansi ebicweka byefeza omu yekaru, yarugayo yagenda yayehanika yayeyita.

Abeburaniya 12:16 Kandi hatalibaho omusihani wena, rundiomuntu atakutina Ruhanga nka Esau, habwa akaihuro kamukati aka omugoyo akatunda obugwetwabwe nkoku yali omuzigaijo 17. Baitu mumanyire ngu hanyuma obuyagondeze kugwetwa, batamwikirize habwokuba atatunge omwanya hokwegarukiramu nobwarabayakitekerizeho muno nokura yaraamaizi.

OKUTUNTURA OKW'OBWARUHANGA – Nukwo kugira obusalizi habwo obutakora ebya Ruhanga arukwenda. AhoOtandika kukora ekintu ekirungiekihikire, obun'oruga omunsobi embi eyokuba orumu.

MATAYO 21:31 Akagarukamu, yagamba tindukugenda kukikora, hanyuma yayegarukamu yagenda yakora, 30. Owakabiri, uwe yagamba ninyija kugendakuki kora baitu hanyuma yajema tiyagenda kukora 31. Noha hali abo ababiri yakozire Omuzaire uwe nkoku akugonza? Bamugarukamungu owokubanza.

2 Bakolinso 7:10 (NLV) Okutuntura Ruhanga okwakozesa kuletera abantu okuhura obusalizi habw'okukora ekibi, hanyuma bakiiruka nukwo basobole kujunwa ekifubiroeky'ekibi.

Twine okusemererwa kuba n'okutuntura nkoku, habwokuba okutuntura okwa ensi enu kuleta kufa.

11. Norora okututura kwawe Ruhanga okuyaikirize ebenakwo nkokukukukoliremu. Okabanoyegomba kuba

owobugabe kuruga ha ekibi ekimpandikireho. Okakikwatirwa ekiniga, okatina, okagonza omulingo gwona wakikoliremu kukitungira kyona ekirukusobora kukifora ekihikire kandi kirungi.

Matayo 5:6 Banyina omugisa abarumwa enjara nikwatwa iroho habw'okuhiki'ra baitu abo baliguta.

Matayo 5:8 Banyina omugisa basemire omumutima, baitu abo balirora Ruhanga.

Oine ekintu kyona ekyokwenda kwegarukamu? Okagwize, Yesu ogu kyonzira kyokumalirira – Kwija omumutima gwawekandi akakuha obw'omezi obusyaka? Okizoire wenka nkoku otafireyo kuleka ekibi,kandi wakora eky'orukutekereza kihikire kandi otakurora hali kiki Ruhanga waAburahamu Isaka na Yakobo ekyarukugamba kihikire. Rundi wakugondeze osabe omugambe akuganyire kandi otandike obwomezi obusyaka saha zinu hati.

Kinu obukiraba nikisoboka ekyokuhuraomumutima gwawe hati bunu, genda hati.

"KIKI EKINSOBORA KUKORA KUJUNWA." Soma enkara, osabeRuhanga kandioyegarukemu ebibi byawe omusabe huwe akuganyire. Omusabe obwomezi obusyaka obuli omuli Uwe. Sera omwikiriza omukuru owasobora kukuyamba mukurubata kunu okwokurubata omubwomezi bunu obusyaka.

LEKA TWIJUKE: KWEGARUKAMU KIKI?

1. Bona............ kandi baruga.................ahali eki................kya Ruhanga

2. Tuhikatuta mbere Ruhanga akwenda kututwara?
   a. Nitugezaho kuleka byona ebikutulemesa kuhika hali Ruhanga
   b. Nitugabira ebyokulya abaine enjara, bataine owabu rundi makka
   c. Nitugenda omukanisa muwiki emirundi ebiri
   d. Nitwegaruka ebibi ebitwahukanizemu na Ruhanga

3. Okweyijukya kwa abantu nikyokimu n'okwegarukamu kwa ebibi nukutujuna ekifubiro ekya ebibi.

4. Owaine obwa Ruhanga.................ayeyemberwa oku..............ekintu eky'empingisaniza hakintu eki.

5. Akagarukamu ngu tindikwija kukikora, baitu hanyuma aka...........yangenda

6. Baine omugisa abe..............omumutima, nibaija kurora Ruhanga

Oyezoiremu……………..ekibi kandi nokora……………nogira kihikire otakurora hali ogu …………owa Aburahamu, Isaka, na Yakobo nagamba……….?obundi wakugondeze…………….kandi omusabe oku…………..nukwo otandike………………obusyaka hati bunu.

ORUPAPURA 7

OKUJUNWA NIKYO KI?

Okujunwa— Kisembo ekitutunga, kiturabamuobutumara kwikiriza Yesu Kristo "kyonzira kyokumaliririra" Ogu. Owatugara hali Ruhanga Isitwe, Oguowutwahangirwe kuba nawe kandi akatuleta habwomezi obutahwaho mbere turukwija kuba n'obwomezi bwaitu obutawaho n'omuhangi waitu.

Okujunwakutandika naitwe,Ruhanga akamara ira kuhayo ekisembo, Yesu akamara ira kufa yamara yahumbuka kiri hali itwe ekisembo kinu tukikozese tuta?

Wetegereze ebihandikirwe hamu n'ebikaguzo hansi kandi oikirize Ruhanga akusukure ekisembo kyokujunwa kwawe.

HABWAKI Nitwetaga okujunwa?

Ruhanga, omuhangi wa Ensi na byona Akarubatirahamu na Adamu na Hawa Omumusiri Eden. Adamu akasisa ekibikye kyamwiha uwe n'oruzaro orwe baruga hali Ruhanga.

Okubanza 3:24 Nahabweki yabingamu omusaija; Kandi yatamu omuburuga Izoba bakerubi na enyomyo erukumulikya, ekyererezi nikyetorora okulinda, omuhanda ogw'omuti gw'Obwomezi.

Zakalia 36:17 Mwana w'omuntu enju eya Isareri obwekaba eri omu ensi y'owabu bakagyesitaza habwa engeso, ebikorwa hamu n'enyikara yabo. Enyikara yabo hanyowe yali ndofu nk'oburoffuobw'omukazi owayesoraire.

KIKI ekibaho omubwire obwokujunwa.

Obu Yesu yafire hamusalaba, ekibi Akakitwara mukina omukituro habataire Omubirigwe, akagenderakimu omumagombe, yaihayo ebisumuruzo ebyali bitwahukanize kuruga hali Ruhanga, yabisikaho Sitani kuruga obu Yesu akasingura Obulemu.Aho honyini akakimalira habwawe nanyowe. Nukwo kuti okujunwankoku kutandinka Kandi hati kiri hali itwe kwikiriza tukakutangira hamu n'okukwetwara.

RUHANGAatuhaire Obwomezi obusyaka.

Kikaihwa "OmukuzarwaOkusyaka n'omusingi"ekitabo ky'Omwahule. Agnes I. Numer. Esura

Ezekeri 36 Ruhanga nabazaho okuzarwa okusyaka, okuzarwa okunukwo kuha?

Ruhanga agamba, Ninyija kukwiha omuba nyamahanga, kandi abanyamahanga mbaihemu omuli iwe. Ninyija

Okujunwa nikyo ki? 51

kukwihamu obusihani. Akagamba naija kukutamu Omwoyo WE omusyaka omuli iwe. Mwoyo ki ogu? Omwoyo ogwaAdamu na Hawa ogubali baine batakasisire. Gunu nugwo Omwoyo omusyaka ogubatugarura obutujunwa. Namanyisaki? Takumanyisa ngu nitwija kuzarwa omumubiri omurundi gundi. Namanyisa ngu naija kututekamu Omwoyo gweomusyaka omuli itwe. Okutandika okusyaka, okuzarwa obusyaka. Nitugenda kuzarwa obusyaka omumusirigwa Edeni, kugaruka habwire obubali bainirekimu kandi balibaine ekoragana na obumu hamu nawe.

Nagamba ninyija kubikwihamu nkuhe Omwoyo omusyaka kandi nkutemu omutima omusyaka omuli iwe. Akaba aine kwihamuomutima omukaikuru nukwo atemu omutima omusyaka kandi oguli hali Ruhanga obu omutima ogu guli omukujunwa. Atekemu Omwoyo omusyaka hamu n' omutima hanyuma naikalizamu Omwoyo gwe omuli itwe nukwo tumuhure hamu nukumworobera UWE MUKAMA Ruhanga.

EZEKERI 36:24 Baitu ndibaiha omumahanga, ndibasoroza okuruga omu nsi Zona, Ndibaleta Omunsi, Y'owanyu. 25 Kandi ndibasesira amaizi amayonjo nukwo mube bayonjo, Kuruga hakazambi n'oburofu bwanyu bwona. Mulisemezebwa,muruge omukuramya ebisaani, hamu n'okubandwa ndibasemeza omukusisikara kwanyu kwona. 26. Ninyija kubatamu Omutima omusyaka hamu na Omwoyo omusyaka ndigubaha.Nyihemu omutima ogw'ibaleokuruga omumibiri yanyu hanyuma mbahe Omutima ogwenyama. 27 Kandininyija kubatamu Omwoyo gwange omunda zanyumbaletere okurubatira omukubaho kwange, ndibagendesa omuliebi ebinataireho, Kandi mwerinde okucwa kw'emisango na eby'obyobulyo byange mubikole 28. Kandi muraikaraga omu ensi eyinahaire baisenkuruinywe; nainywe muliba abantu bange, nanyowe ndiba Ruhanga wanyu. 29 Kandi ndibajuna omukutasemera kwanyu kwona; Kandi ndikanyisa engano. 30. Kandi ndikanyisa ebijuma bya hamiti, n'omweru ogwa hamusiri, timulyongera kutunga bundi ekijumo ekyenjara haliamahanga. 31. Nubwo mulijuka emihanda yanyu embi n'engeso zanyu ezikaba zitali zirungi, Kandi mulyenuga inywenka omumaiso ganyu inywenka habwa ebyobutahikirire byanyu nebinugwabyanyu.

2 bakolinso 5:17 nukwo omuntu wena obwaraba ali omu Kristo, buli afokere ekihangirwe ekisyaka ebyaira bihoireho, dora byona bisyaka.

OKUJUNWA Kutandika Kuta?

Kiri hali itwe okwegarukamu ebibi nokwikiriza ekyonzirakye okyo kumaliririra. Aho naija kutuyamba kwomera omubwomezi bwaitu omuli UWE.

Abarumi 10: 9 Kakuba oyatura omukanwakawengu Mukama Yesu nuwe Mukama. Kandi Mujuni "Kandi oraba oikirize omumutima, ngu Ruhanga akamuhumbura Yesu Kristo noija kujunwa. *

Abefeso 2:8 Baitu habw'embabazi mukajunwa kuraba omukwikiriza: Hatali habwanyuinywenka:9.Kinu kisembo kya Ruhanga ekitaruge omumirimo y'omuntu wena hatabaho owuyay'empanka. 10. Baitu itwe tuli bikozesebwabye, tukahangwa omu Kristo Yesu habwa emirimo n'engeso enungi Ruhanga ebiyatongoize iranaira nukwo itwe tugendenabyo omumaiso.

Yohana 3:15 Bulimuntu wena anyakumwikiriza talifa akahwerekera baitu aliba n'obwomezi obutahwaho. 16.HabwokubaRuhanga akagonza Ensi, yahayo Omwanawe ayazairwe omu wenka buli ogu amwikiriza aliba n'obwomezi ebironebiro.

17.Ruhanga atatume mwanawe omunsi kucwera ensi omusango; Baitu ensi mukuraba omuli uwe ejunwe. 18. Buli amwikiriza talisalirwa omusango, baitu atamwikiriza asalirwe ira bagumucwerire habwokuba taikirize ibara lyo Omwana owa

Ruhanga. 19 Kandi gunu nugwo omusango, omusana gwizire omu ensi, abantu nibagonza omu'irima kukira omusana, habwokubaengeso zabo zikaba zibihire. 20. Baitu omuntu wena owakora ekibi atina omusana, nokwija taija hali musanahabwokuba ebikorwa n'engesoze byeyanika abantu babirora. 21. Baitu anyakukora eby'amazima aija hali omusana, ebikorwa n'engesoze byetimba omu musana, habwokuba bisemire kandi bikirizibwe omuli Ruhanga.

HABWAKI Kigendera Omumitendera?

Obutumara Kwikiriza okujunwakwe, twine kwikiriza Ruhanga kutwebembera hamu n'okutuhabura omubwomezi bunu obusyaka.

Abafilipo 2:12 inywe abagonzibwabange, obunali ndoho nainywe, mwayegendereza obunimuhikiriza ebiragiro byange. Kandi hati ntaloho nubwo mweyongere kwegendereza kukorakimu ebirungi okukiraobunkaba ntaloho, ebihikiriza okujunwa kwanyu inywenka omukutina n'omukutukumira. 13 HabwokubaRuhanga nuweabakoramuhabw'okusemererwakwe n'okugonza omubyonakwikiriza, hamu n'okukorankoku asiima wenka.

Isaya 26:12 Mukama waitu tusimbiremu obusinge habwokuba nebitwine niwe akozire omulimo gukoto muli itwe. 13. Aibambi Mukama Ruhanga waitu, abakama abandi bakatulema; kunu lwe Oloho: Baitu omuli lwe wenka nuho tuligamba lbaralyawe. 14. Abandi bakafa, tibaliba bomezi; bakabire, tibalihumbuka; nikwo wabahwerekerize. Kandiwabamaraho wasisirakimu okwijukwakwabo.

Nitusobora tuta okwerinda ekisembo ekyomuhendo eki?

- Rubatira Omumusana
  Yohana 1:4 Nebigambo binu nitubibahandikira, nukwo

okusemererwa kwanyu kuhikire. 5. Bunu nubwo obutumwa obutwahulire okuruga hali uwe, Kandiniturangira ebigambo binu,Ruhanga nuwe Musana, kandi omu Uwe busamu mwirimana nakati. 6. Obutugambangutwine obumu hamu nawe, kandi kunu niturubatira omumu'irima tubiha ebisuba muli itwetihabamu mazima.

• Tunga obumuna Ruhanga hamuna Abahikirirebe abandi.

7. Baitu obuturubatira omumusana, nkokunaweali musana tugira obumu nabuli omu kandi Esagama ya Yesu Kristo Omwana Wa Ruhanga etwogyaho ebibi byona.

• Twikale nitwegarukamu tuleke ebibi byaitu.

8. Obutugamba ngu titwine bibi, twebihabiha, kunu namazima tigali omuli itwe.

9. Kakuba twegarukamu ebibi byaitu, Wuwe mwesigwa,natuganyira ebibiKandi natwogyaho obutalibuhikirire bwona. 10. Obutugambangu titukasisaga, tumufora omubihi webisuba Kandi ekigambokye tikiba omul'itwe.

Yohana 3:21 Baitu owakora amazima aija omumusana nukwo ebikorwabye byeyolekengu bisimbirwe omunda eyobwa Ruhanga.

NOSOBORA OKUFERWA Okujunwa?

Abaheburaniya 6:1 Hati kuleka ebigendererwa eby'obukugu bwa Yesu Kristo . Leka tugendere aha kuhikiriza hatali kwongera kubiha ebisuba ha misingi eyo kwegarukamu emirimo efire hamu n'okwikiriza muli Ruhanga. 2 Enyegesa ey'okubatizibwa hamu n'okutaho emikono hamu n'okuhumbuka okwabafu kandi n'okusara omusango ogw'ebiro nebiro. 3. Kandi kinu tulikikora kakubaRuhanga aikiriza. 4. Habwokuba kizibu hali abo abamanyire amazima kandi bakarozaho ekisembo eky'omu'iguru kandi baforwa abaine Omwoyo Muhikirire 5.Bayongera barozahoekigambo ekirungi ekya Ruhanga, hamun'amani agobusinge oburukugenda okwija omunsi 6. Kakuba bagwa kubagara Obusyaka bakegarukamu, obusyaka,bakarora hibo benyini nibabamba Omwana Wa Ruhanga hamusalaba busyakaobunibaba bamuswaize kandi bamukwasa n'ensoni.

LEKA TWIJUKE: OKUJUNWA NIKYO KI?

1. Okujunwa nikyo ekisembo ekirabira.............Yesu, ekihongwa ekimalira

2. Nitwetaga kujunwa, habwokuba Adamu na.............wuwe nebye...........kuruga hali Ruhanga

3. Kiki ekibaho mubwire obwokujunwa? Yesu obuyafire hamusalaba akatwara........omukituro. Akagenderakimu honyini............yaihayo.........ebi...........itwe kuruga hali Ruhanga natwiha mwasitani aho Yesu yasingura obulemu oku henyini, habwawe nanye.
Okujunwa kutandika hati kiri hali itwe oku.................nukwo.

4. Nahabweki, kakuba omuntu wena aba.............ali eki..............ebintu ebikurubya...................wetegereze ebintu byona bifokere.........................

5. Okujunwa.,"ungu obwo...........nakanwa kawe.................kandi okaikiriza omu.............ngu Ruhanga

aka...............wuwe Ruhanga okuruga omubafu, noija kuba.....................

6. Baitu ogu owakora............aija ahali.............nukwo ebikorwabye bibe byarwatu kandi bisimbirwe omuli Ruhanga.

7. Emitendera-tumazire kwikiriza ebya............nitutekwa........Ruhanga atwe............. omubwomezi bwaitu obusyaka.

8. Twerinde ekisembo kyaitu ekyo okujunwa-tutunge kuterana. Baitu kakuba..........omumusana nawe nkoku ali musana. Nituba n'okuterana nabuli'omu, kandi ne............... eya Yesu Kristo Omwana etwogyaho ebibi byona. Etwihaho ebibi byaitu byona................

9. Nosobora kuferwa okujunwa kwawe?-"Kandi orolezeho ekigambo kya Ruhanga ekirungi hamu na Amani aga ensi agakugya kwigya, kakuba ba......,.......okubagara busyaka omukwe............, bamazire kurora ngu nibayongera kubamba busyakaOmwana wa Ruhanga bamu..............kandi bamuta omurwatu rw'abaingibamu....................

ORUPAPURA 8

KUBATIZIIBKWA OKW'AMAIZI KINTU-KI?

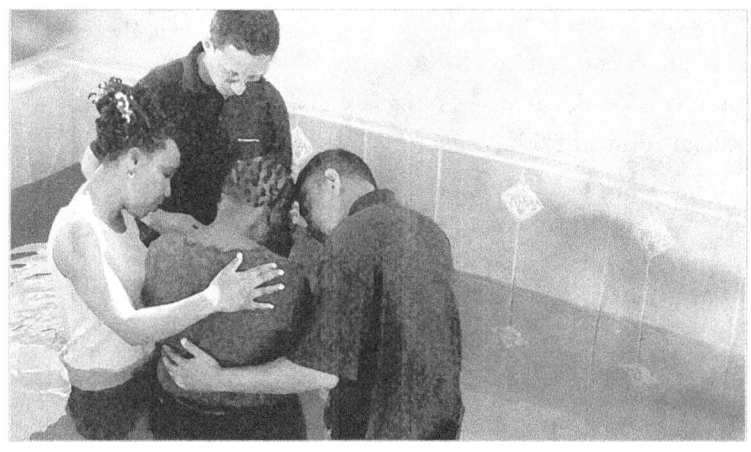

Okuruga "Amani agali omukubatizibwa oku'okuibikibwa omumaizi" hali Agnes I. Numer

"Kakuba omumazima gonyi twetegereza etegeka ya Ruhanga ey'okubatiiziibwa nibakuibika omumaizi,Hati kakuba tubatiziibwa bakatuibika omumaizi bingi "ebibi, n'oburofu"byona bizikwa hansi omumaizi habwokuba nuko kabonero koku zikibwa hamuna Yesu.Kinu kine Amani maingi muno okwegomba kukora ekibi n'obuhemu bw'ekura yaitu omubwomezi, leka tubizikirehamu Nawe Yesu. Nukwo tu'iburukukeyo omumaizi tutaine kibi kyona kwihaho obuhikirire.

Yesu obuyafire hamusalaba, akagenda omukina ky'ekiturohansi okuzimu yatwara EKIBI ekyensi yona Yakyetaho, Akagenda omu gehena yasikaho Sitani ebisumuruzo Aho yagamba hati Ninyigya kuha binu ebisumuruzo abantu ab'amaziire kununura-Yesu akasingura obulemu okuzimu honyini habwawe hamunanyowe.

Kinu nikyo kirikikuru muno itwena kubatiziibwa nituibikibwa omumaizi kinukicweka kya Entandiko Ya Omwoyo Muhikirire omuli itwe.

Obutubatiziibwa nitu'ibikwa mumaizi, Yesu agamba Sitani, "**Tokyaina** busobozi hali banu. Kasita bagya hansi eyokuzimu y'amaizi hamu Nanye, **ebintu byona** ebyobatairemu nibigyakucweka bigende. Ningya kubafora abobugabe, ninyigya kubaha obwomezi busyaka.

Ninyigya kubaimukya omu kuhumbuka okw'Obusingunzi Bwange. Tokyabaineho bwakabaka bwawe Sitani, mbuku'ihireho kandi mbutaire omumikono yabo. Hati baine obusobozi hamu n'Obukama ebinyihire hali iwe.

Hati nitwegesa ki? Kiki ekihairwe omuntu? Sitani nab'atakuineho busobozi kasita oba odibikirwe omumaizi, okagaramya ebikorwa n'ebigeso ebikaikuru ebibaire biri omu bwomezin'omumubiri ogwijwirwe ebyensi byona obileka omumaizi.

Ogarura Sitani ebibi n'e bikorwa bya omubiri omugamba abigareyo okuzimu.

Obwomara, orugayoomukubatizibwa okwa omumaizi omubusingunzi obwamani agokuhumbuka kwa Yesu Kristo. Nogya kurubatira omumani offerireyo waleka ebikorwa eby'omunsi ebi ebyomubiri. Obwa Yesu yalinakuihamu omumaizi akakuihayo nakuhumbura omubwomezi obusyaka. Aho yata omungaro zawe ebisumuruzo ebyo obukama, ebiyaihireho Sitani okuzimu. Mpuliriza...Kandi Yakuihayo wenna yakuleka wabanobugabe, kuruga mukibi kurabira omu Sagama ey'omuhendo hamu n'okufa yarabiremu. Nkoku yaihireho Sitani ebisumuruzo naiwe wamwirira kuraba omukuhumbuka okw'obusingunzi.- Hati oine ebisumurozo omungaro zawe.

Kinunikyo Kigambo kya Ruhanga; ganunugo Amani aga enjiri, ya Obukama bwa Ruhanga, kandi Omwoyo gunu gwonyini nugwo gwahumbwire Yesu kuruga omubaffu kandi Nugwo gwangusyaho omubiri gwaitu oguhwaho kuhura Ruhanga.

Omumaizi orugamu oine obwomezi obusyaka, orugamu oli kihangwa kisyaka, kandi orugamu oli omwana wa Ruhanga. Tikiri maizi....baitu kiri Yesu ekiyagambire kukora nukwo hanyuma atufole abobugabe. Baitu obuturaba tutamanyire amazima, nitugyatuta kutahamu? Enu niyo emu hamigaso yokusomesebwa kunu nukwo tutahe omumani hamu n'obusobozi obwa Yesu Kristo.

Hanu nuho Embabazi zitandikira....

Omukuraba mukubatiziibwa nibakuibika omumaizi, ekibi kisigara omukituro kya amaizi, aho nuho embabazi zitandikira, kandi bukotoki obuli omumbabazi zinu."

Ekigambo obwaruhanga kimanyisa, kwecumitiriza ebikuru rundi ekikura kya Ruhanga. Baitu kubatiziibwa omumaizi tikiri kwecumutirizaho Ruhangahamu-n'enyetwazaye. Kiri enkuraye omunda mul' itwe. Obutumara kubatiziibwa Ruhanga abaliza omu Mwoyo gwaitu n'enyetwazaye. Atamu enkuraye omunda mul'itwe. Obutumara kubatiziibwa Ruhanga abaliza omumioyo yaitu, nkoku yabazaga na Yesu.

Onu, nuwe Omwana Wange" Atubalizamu ebimurumu. Asana otirundi tutukasisahoga. Bunu obwomezi obusyaka bugonza ebi Ruhanga ebyagonza.

Enu, niyo etandiko eyemitedera.

Wetegereze binu ogarukemu na ebikaguzo hansi oikirize

Ruhanga akusukure Amani agaliomukubatiziibwa nibakuibika omumaizi.

NOHA yali Yohana Omubatiza?

Okubatiziibwa okwa amaizi kukabandiza omu Baibuli obu nukukorwa Yohana Omubatiza. Yohana akaija kutegeka emitima ya abantu narabira mukutebeza enjiri ey'okwegarukamu hamu nukubatiziibwa. Kinu kyalikisyaka haba Yudaya bahayoga ebihongwa hamu n'okweyogya byonka.

Isaya 40:3 Iraka lyogu arukwamirra ati mutekanize omu irungu omuhanda gwamukama, muterekereze engudo omu ibuga engudo eya Ruhanga waitu.

Marako 1:1 okubanza okwenjiri ya YesuKristo, Omwana WaRuhanga Nkoku byahandikirwe omunabi Isaya ngu Dora nintuma omukwenda wange omumaiso ganyu. Alisemeza omuhanda gwanyu, Irakalye anyakwamira omu Irungu ati musemeze omuhanda gwa Mukama, muterekereze empendaze. Yohana akaija,ayabatize omu Irungu,natebeza okubatiziibwaokwokwegarukamu,obunoihwaho ebibi, Nensi yona eya Buyudaya na ba Yerusalemu bona barugayo,nibaijja nambere ali,babatiziibwe uwe omukyambu Yorudani, nibegarukamu ebibi byabu.

Yohana Omubatiza yagamba omwikiriza aine kuzara ebijuma ebikwoleka okwegarukamu okwamaziima. Ebyokuroraho nibyobinu okwerinda, oburungi, okugonza, kukor'amazima,obwinganiza, obwesiigwa, embabazi obuculezi,kwenihira hamu n'okumarwa.

Luka 3:8 Nukwo mwane ebyana ebirukusemerra okwegarukamu,Kandi mutabanza okugamba omunda yanyu ngu uwe tumwine, Isenkuru itwe Aburahamu:baitu nimbagambira nti Ruhanga nasobora amabale ganu kugafora abaana ba Aburahamu.

Yohana Omubatiza akarangira nagamba: ati baitu Masiya

Mukama naija.kandi n'okubatiza okwa Omwoyomuhikirirehamu n'omuro"
Luka 3:16 Yohana yagarukamu, nabagamba bona,nyowe maziima nimbabatiza inywe n'amaizi,baitu ogu owamani arukukira nyowe naija,nobuhuzo obw'enkaitto Ze tinsemerire kubusumura naija okubatiza na Omwoyo Muhikirire nayakira mumuro.

Ekyokuroraho ekyo kubatiza akwo Mundagano Enkuru

Ruhanga yatekanizaga Abantube ha bwentekaniza eyomumaiso kuraba mu byokuroraho. Israeli akabatiriiza Musa omukicu n'omunyaja.

1Abakolinso 10:1 Abagonziibwa, tindukugonza mube n'obutama, abaisenkuru itwe bakaba hansi y'ekicu, Bona bakaraba munyanja 2. Kandi Bakabatiziibwa Musa omukicu n'omunyanja.

HABWAKI Yesu yagondeze okumubatiza nibakozesa amaizi.

Yesu akaija hakisaru Yorudani kubatiziibwa Yohana Omubatiza,Yohana obuyalengereho okumwangira,Yesu yamusaba "okwikiriza habwesaha egi yonyini"habwokuhikiriza obuhikirire bwona"
Yesu, akahuliriza Ruhanga y'aikiriza bamubatiza nibakozesa amaizi kwoleka itwe ekyokuroraho.Omwoyo Muhikirire yasirimuka hali Yesu obuyamazire kubatiziibwa.
Matayo 3:13 Aho Yesu akaruga Galilaya yataha Yorudani,Yohana nambere yali, nukwo amubatize. Baitu Yohana akaba yayanga kumubatiza,yagamba ati kisemerire iwe Mukama wange niwe kubatiiza nyowe, kandi hati naiwe noija nambere ndi?Yesuyamugarukamu namugamba ati ikiriza hati bunu, Nukwo kitusemerire itwena nukwotuhikirizeobuhikirire

bwona. Yesu,obuyamazire okubatiziibwa, akaruga omumaizi dora, iguru Iikamwesukura Omwoyo Muhikirire wa Ruhangayasirimuka ali mukisaani kya eriba lyali nirimasamasa 17. Aho iraka likaruga omu'iguru, nirigamba ogu nuwe mwana wange omugozibwa Owunyehuliza.

1 Petero 2:21 Mazima, naitwe nikyo twayetirwe, habwokuba, YesuKristo nawe akabonabonesiibwa habwaitu, nukwo atuhe-ekyokuroraho, tusobole kumuhondera mubigerebye.

Ruhanga akaha Yohana akokuroraho ngu Yesu yali Kristo Masiyakandi naija kurora Omwoyo Muhikirire "nasirimuka namara namwikaraho".

Yohana 1:29 Obwire obubwahikire nyekya yarora Yesu naija nambere ali, yagamba ati Dora Omwaana gw'Entama ogwaRuhanga,arukwihaho ebibi byensi. 4:30 Nuwe ogu ounagambireho inti hanyuma yokwija kwange haroho Omusaija owumbandize baitu akabali wokumbanza nyowe.Nanyowe ntamumanye baitu uwe asukulirwe aba Isareri,nikyo naizire nimbatiza n'amaizi.Yohana yamanyisa nagambati, Nkarora Omwoyo nasirimuka kuruga omu'iguru nkeriba,namwikaraho. Nyowe ntamumanye,baitu ogu ayantumire okubatiza n'amaizi amaingi nuwe yangambire ati obwolirora Omwoyo nasirimuka haliwe,namwikaraho,nuwe abatiza na Omwoyo Muhikirire.

Okubatiza okwaamaizi nikimanyisaki?

Okubatiza okwa amaizi nukwo omwikiriza omuliYesu aikiriza nahayo obwomezibwe okwibikibwaomu maizi nkakokuroraho akokufa nokuhumbuka okwa Yesu Kristo.

Act 8:36 Kandi obubakaba nibagenda omumuhanda bakahika nambere hali amaizi: Omukonwa yagamba atidora amaizi kikki ekirukutanga okubatiziibwa? 37 Filipo yagamba ati obworaba oikirize n'omutima gwawe gwona nosobora yagarukamu nagamba ati –Ninyikiriza mazimakwo inti Yesu Kristo Mwana Wa Ruhanga.

38 Aho naho yaragira amagali g'enkaina zona zayemera: bona basirimuka omumaizi na Filipo yamubatiza barugamu omumaizi.

OkuhonderaYesu omukufa kuraba omu kubatizibwaokwa Amaizi

kusiisa esigo ezo omusagamaeyo'kusiisa embi (DNA) ebyali mu Adam
Kandi kuhingisaniza na DNA OBUSINGUZI BWOKUBAHO OKWAYESUKRISTO MUGENZI WAITU OKURABA OMUKUBATIZA Okw'amaizi Omwoyo Muhikirireatuha Amani okw'omera omubwomezi obwobugabe kuruga mukusibwaekibi.
Titwine kutaikiriza kuleka ekibi kufuga nokulema omumibiri yaitu. Twine obugabe kwomera omukukora obuhikirir'e obwa Ruhanga. Tutukyali basibi b'ekibi baitu abagonziibwa kandi abahereza omubusibe obw'obuhikirire.

Abarumi 6:3 Baitu timumanyire ngu itwe'ena abanyakubatiziibwe okutaha omuliKristoYesu tukabatizibwa okutaha omukufakwe 2 Nukwo twaziikirwe tuti hamu nawe omukubatiziibwaokutaha omukufa:4. Nukwo nka Kristo obuyahumbwirwe omubafu habwekitinisa kya Isitwe, naitwe tugenderege omubwomezi obusyaka.

Abarumi 6:18 okuruga omukibi mukafoka abairu abobuhikirire.

NOHA asemerire okubatiziibwaomumaizi?

Okubatiziibwa mumaizi-kyokwoleka-Omu ensi yona Turozire buli omu akabatiziibwa.Kanu kokuroraho komukurasi WaKristo.Kya buli muntu kabonero ka abantu bona kurora. Omuburombo rombo bw'amahanga maingi Omuntu,buli obwamara kubatiziibwa nko OWaKristo baleka kubaza naiwe rundi oitibwa. Nogamba "mazire okucwamu okuhondera Yesu hatali kugaruka enyuma".

I Bakolinso 12:13 Baitu itwe itwe'ena omu Omwoyo gumu tukabatiziibwaokutaha omumubiri gumu,rundi Abayudaya rundi Abayonani, rundi-Abairu rundi Abobugabe. Itwe'ena tukanyweziibwa Omwoyo gumu.

Marako 16:16 Anyakwikiriza nabatiziibwanuwe alijunwa: Baitu ataikiriza omusango gulimusinga

Engeso Zabakwenda 2:38 Petero yagamba ati mwegarukemu,mubatiziibweinywe inywe'ena omwibara lya YesuKristo,okwihwaho ebibi byanyu,Kandi murahebwaekisembo eky'Omwoyo Omuhikirire.

YESU naturagira okubatiza Abantu bona.

Matayo 28:18 YesuYaija yabaza nabo nagamba ati mpairwe obusobozi bwona omu'iguru na hansi 19. Mugende, muhindule amahanga gona abegesa nimubabatiza okutaha omu'ibara lya Ise'itwe n'Omwana na Omwoyo Muhikirire.20 Nimubegesa hamu n'okwetegereza byona ebinabaragire.Kandi doranyowe ndihamu nainywe okuhikya paka ensi obweri hwaho.

Kikaruga-"Okwikiriza Obusinge bwa Ruhanga Obwamazima"kya omwahule Agnes I Numer

Yesu Akahwerekereza "Omuntu Waira owekibi"

Nomanya nkegesiibwaomukanisa eyerukubazaho okweziibwa.Kandi obu natandiikire okwesomera Ekigambo nkoku Mukama yampaire,nkarora ekintu ekyempingisa. Nibabazaho Omusaija owaira owekibi. Iwe oramumanyireho? nkatunga abaikirizabaingi ababurangaine iwe nomanya ekinikimanyisaki? nkaba nintekereza kale kwali kutali kw'Omwoyo, kunu kukaba kwolekwa kw'omukanisa nakuziibwemu. Kakuba noimukya iraka lyawe rundi nobaza habintu bataineho kisaani oku"kweyoleka kwonka" nibababatungire amakuru.Yesu yagamba akabitwara byona hamusalaba. Akatuganyira ebibi byaitu kuraba Omusagamaye yasesire.Akasiisa ekibi kya Adamu omuli iwe,nahabweki kiki ekiyakozire? Akakitwara hamusalaba:kikaba kyomukyeno yakihanikaho habwokugwakw'omuntu. **Yesu akakitwara hamusalaba.** Obutubatiziibwaomumaizi, tutunga obugabe bwokuhimba omuntu owaira hansi tukamuziika leka tuhimbe omuntu ogu owaira owekibi baitu akamusingura hamusalaba,akasiisa amanige hamusalaha ha bwabuli Mukristayo weena nukwo okihure Kandi okihondere ogende omumaizi ago mukituro na Yesu. Kandi ozike ogu omuntu ataba mwomezi - obwogenda hansi oku aba omazire kufa. Akafa hamusalaba.Baitu oine omugisa okumuziika nukwo omanyire kiimutakyali mwomezi.

NKahura ekihumuro, Ruhanga obuyampairenakinguraho ekyahandikirwe habwokuba nkaba ntekerize obwomezi bwange bwona nkaba ningenda okwikara n'omuntu ogu owaira kandi kunu nindubata na Yesu.Webale Yesu tikiri kyamaziima! Nitusobora obundi kuba twine ebintu bingi ebitukwetaga kwerekesa, baitu twine Yesu, naija kubimalira habwaitu. Amina!

Akagamba kyomugaso muno itwe kubatiziibwamumaizi, omuli YesuKristo hatali ha Ekanisa, hatali ha Kanisa ya Yohana,hatali habw'Ekanisa Yokubatiza,hatali habwe Eklezia yaba Katuliki,baitu omuli YesuKristo.Okubatiza kwa Yohana kwali kubatiza okw'okwegarukamu,baitu okwaYesu kwokutwetahaliwuwe naitwe omuli wuwe kituletere Omwoyo ogwanguhire hatali ogwobwire obwaAdamu baitu habwe YesuKristo nkoku tugenda hamusalaba nankoku tugenda omumaizi omuntu owaira aziikway'oku, mbere ataligaruka kuhumbuka obundi, kakuba twikiriza Yesu Kristo akaba Mukama Wa Bakama omubukamabwe omubwomezi bwaitu.

Kakuba tumwehuguraho nituba nitugenda mu gehena. Noijja kugenda omubintu ebigumire, Sitani ebyakwinire. Baitu kakuba ogumire hali Mukama nokora ebya Agamba. Gunu omulimo ogwamani ogwatuhaire nigumaliriziibwaomwibara lya Yesu Kristo. Omuliwuwe itwomera, nitugenda, nituba n'obuntu **'Nuwe atuha obusinge obuhikire, Kandi bwikara naitwe.** Akabusingurra itwe. Kandi yatusobozesa habwaitu akakyangusya. Habwaitu akakifora kyanguhire itwe okubatiziibwaomumaizi nukwo tusobole kuba bobugabe kuruga ha omuntu waitu owaira, ow'ekibi nukwo tusobole okwomera omuWuwe Alibusinge obuhwerekereza ebibi ebiba omubwomezi bwaitu.

Ruhanga atuhaire ekyokugarukamu

LEKA TWIJUKE: KUBATIZIIBKWA OKW'AMAIZI KINTU-KI?

1. ...., ...Nubwo Omwikiriza omuli Yesu Kristo aikiriza oku'inyikibwa hansi omumaizi nuko akabonero akoleka kufa kandi okuhumbuka kwa Yesu Kristo.
   a. Okwegarukamu ebibi
   b. Nukwo kubatizibwa okwo kuinyikibwa omumaizi
   c. Esara z'omusisi
   d. Omwikiriza omusyaka

2. Kubatizibwa n'oinyikwa omumaizi.........esibiko*DNA- (niyo........obuhangwa obwa Adamu na.........iyo n'esibiko *DNA (niyo............obuhangwa obwa Yesu Kristo.

3. Titukyali omunsibiko ya Adamu, baitu ekihangwa ekisyaka- Obuhangwa obusyaka obukolirwe honyini aho bwakorwa Yesu Kristo.

4. Okubatizibwa okwo omumaizi tu.........niyo.........obuhangwa obwa Adamu hamu na.........obuhangwa bwa Yesu Kristo.

5. Okubatizibwa kw'omumaizi maingi Omwoyo Muhikirire

atujweka Amani okwomera omubwomezi obw'okusumururwa okuruga omukibi.

6. Noha aine kubatiziibwa nibamwibika omumaizi amaingi
a. Abasabira omukanisa egi bonka
b. Abo abamazire okwegesebwa kugaruka obusyaka bonka
c. Buli ogu owaikiriza ngu Yesu Kristo Mwana Wa Ruhanga kandi akafa habwa ebibi byaitu.
d. Kyabo abaikiriza

ORUPAPURA 9

OMWOYO MUHIKIRIRE NOHA?

Ruhanga aliRuhanga omu. Ohulire.Ruhanga Isitwe,Ruhanga Omwana,Ruhanga Omwoyo Muhikirire –ogu Ruhanga omu. Kandi bali Basatu omuli'omu, amaizi, ebirika n'orwoya orukwokya by'embaganiza mukubaho kwabyo baitu gona MAIZI. Nahabweki RUHANGA Ali bona Basatu hasaha niyo emu rundi habwire bumu.

Kinu nikyoekintu tutanguhire kwetegereza habwokuba nitusobora okuba omukikaro kimu omubwire obu bwonyini. Baitu tekereza kinu. Tuli Omwoyo, ogwikara Omumubiri kandi

oine Ememe.Ebi bitufora kuba Omukisaani kya Ruhanga. Obutufa omubiri gwaitu guzikibwa baitu Omwoyo gwomera ebiro nebiro.
Wetegereze, osome ebihandikirwe nebikaguzooikirize Ruhanga akweyoleke.

Omwoyo Muhikirire NOHA?

Omwoyo Muhikirire NI Ruhanga Huwe Muntu. Omwoyo Muhikirire nuwe atuyamba kwetegereza ekibi kyaitu.Taine omubiri ogurukurorwa habwokuba Uwe Ali Mwoyo. Obwire obumu abantu bamweta Omuzimu Omuhikirire (Holy Ghost) Kinu kigambo kindimuno baitu ekihikire nikyo Omwoyo Muhikirire (Holy Spirit) Ruhanga Okubahokwe aijwire kugonza kandi nkoku Omwoyo Muhikirire aliRuhanga Alingonzi nawe.

Omulimo ogwa Omwoyo Muhikirire guli hanu omu ensi.Akoora omumitima ya abantu, tusobora kumuhurangu aroho nitu kozesa omwoyo weitu. Natubaliza omumitima yaitu. Natuyamba kwehuliliza obutusiisa, Omwoyo Muhikirire akaba aroho Ruhanga'obuyahangire Ensi.

Okubanza 1:26 Ruhanga, yagamba leka tukole omuntu omukisaani kyaitu,munsaana yaitu.

Endagano Enkuru kicweka kyokubanza omu Baibuli ekyahandiikirwe Yesu ata kazairwe.Endagano Ensyaka ekahandiikwaYesu amazire kuzarwa.

Endagano Enkuru,ebitabu bikahandiikwa abasaija"Nibebemberwa"Omwoyo Muhikirire.

2 Petero 1:21 Obunabbi, bukaija hatali omubiro ebyaira nkoku okugonza kwo omuntu ku'ali, baitu abasaija bakuru bakabaza nkoku Omwoyo Muhikirire yabarungamyaga obu nabategekera.

Omwoyo Muhikirirenasobora "kwebembera" Emitima yaitu kukora ebintu. Nikimanyisa atuha obusobozi oburuga owaRuhanga kutusobozesa kukora ebya Ruhanga aba agondeze obundi.

Binu nibyo eby'okurora okuruga omu Baibuli Endagano Enkuru obusobozi Ruhanga yahaire Solomon nayambibwa Omwoyo Muhikirire.

Kumanya-Solomon, 1 Ekyabakama 4:29-32, Amagezi–Elisa, 2 Eky'abakama 5:25-27, Okwahukaniza emyoyo omuhereza bwa Saulo. Okwikiriza-Yesu noha, 1 Ekyabakama 18:38, Okukiza-Isaya 2 Ekyabakama 20:5, Okuragura-Balaam Okubara 23:24

Tusobora kusaba Omwoyo Muhikirire Obusobozi obwembaganiza hatukubwetagira kukora Ruhanga ebyakugonza. Ali hanu habwekigendererwa, kuyamba abantu ba Ruhanga bakole ebyakwenda omunsi.

Omwoyo Muhikirire Noha Hali Itwe?

Omwoyo Muhikirire nuwe!

Omusomesa Waitu, atwebembera kandi atuhabura hali amaziima.naija kutwebembera kuruga mubisuba n'obuyaye.wakazanahoga Omuzano okakoma ekintu omukisika okakyoleka omuntu n'okozesa ebigambo, kwokya"kufuka"? Twija kutandiika kwega"kurumizibwa" omumitima yaitu. Twija kwega "kuhura Irakalye" twija Kumwesiga atwegese.

Omuhumuza Waitu.Naija kuba naitwe buli kiro, omubuli mulingogwona, omubuli kizibu kyona, rundi omukusemererwa. Nagonza tuhure okubahokwe kuli naitwe.Nitwetaga kusaba kwonka. Nitusobora kumwesigira kimu kutuhumuza.

Omuyambi Waitu.Atuyamba obutubahagati y'Esara zaitu nobutuba tutamanyire kyokugamba omusara. Aija Atuyamba omumiringonyingi. Naija Kutuha obusobozi obwembaganiza oburuga hali Ruhanga. Nitusobora kumwesiga akatuyamba kwomera tuli omubwomezi burukukora ebya uwe Ruhanga.

1 Bakolinso 12:1 Hati ebikukwatagana hamu n'ebisembo bya

Omwoyo. Bagenzi bange,tindukugonza Inywe muben'obutamanya........ 7 Baitu okwolekebwa okwa Omwoyo Muhikirire kukahebwa buli Muntu we'ena nukwo atunge okuganurwamu kumugasire. 8 Omuntu omu ahebwa Omwoyo Muhikirire ekigambo ekyamagezi, kandi ondi amuha ekigambo ekyo kumanya baitu ebi byona Omwoyo Muhikirire. 9 Ondi Amuha Kwikirizanuwe Mwoyo ogu: Kandi ondi amuha ekisembo ekyo kukiiza endwara 10 Ondi amuha Kukora ebihuniriza, ebyamagero, ndi amuha kuha obunabi, ondi ahebwa ekisembo kyo kukema n'okumanyakokwahukaniza emyoyo ebanelemera omubwomezi bw'omuntu. Ondi amuha kudiikira nabaza omundiimi zamahanga ag'omu ensi yonna aga Omwoyo Muhikirire ab'agondeze. Kandi ondi amuha obusobozi obwo kwanjuura endiimi ezamahanga ago agandi. Baitu ebi ebisembo byona Omwoyo Muhikirire omu wenka nuwe abikora obu nabigabira buli Muntu nkoku Uwe Mwoyo aba ayesimire rundi agondeze.

NITUSOBORA KWESIGA Omwoyo Muhikirire: Nitwega Kukaguza kwonka.

LEKA TWIJUKE: OMWOYO MUHIKIRIRE NOHA?

1. Ruhanga waitu ali:
a. Abasatu bali emu
b. Ise'itwe, Mwana na Omwoyo Muhikirire
c. Ruhanga omu
d. Byona ebya haiguru

2. Tukozirwe tuta omukisani kya Ruhanga
a. Mwoyo, Ememe, hamu na Omubiri
b. Amaizi, Ebirika hamu na Orwoya
c. Kusobora kubabulihamu hamurundi gumu.
d. Tukabaho kuruga iranaira lyona

3. Ogu Omwoyo Muhikirire
a. Nuwe Ruhanga
b. Taine Mubiri nkogwa Abaantu ogukwatwaho
c. Byona ebya haiguru
d. Busaho nakimu habyona ebya haiguru

4. Endagano Enkuru ekahandikwa Abasaija nibayambwa Omwoyo Muhikirire
a. Mazima

b. Bisuba

5. Omwoyo Muhikirire nasobora kuha ebirungo bya Ruhanga eby'obusobozi Omuntu nka binu.
a. Kumanya
b. Obunabii
c. Ebyamahano
d. Byonna ebiri haiguru.

6. Omwoyo Muhikirire alihanu habw'ekigendererwa kyokuyamba Abantuba Ruhanga kukora akugonzakwe Omunsi.
a. Mazima
b. Bisuba

7. Nkoku mwegesa waitu Omwoyo Muhikirire atuhabura mukukora amazima
a. Mazima
b. Bisuba

8. Omwoyo Muhikirire atuyamba omusara/n'okusaba n'obutuba tutamanyire ekyo kugamba.
a. Mazima
b. Bisuba

ORUPAPURA 10

OKUBATIZIIBWA MWOYO MUHIKIRIRE NIKIMANYISAKI?

Soma oyetegereze ekihandikirwe nebikaguzo kandi oikirize Omwoyo Muhikirire akwesukure.

Okubatiziibwa Omwoyo Muhikirire nikimanyisaki?

OkutekanizakwaRuhanga nukwo abantu be Bamugarukire,kinu kikasasurwaYesu obuyaizire yafa hamusalaba omukikaro kyaitu kufa. Kinu kikakingura abantu omuhanda okubafora abeziibwe kuruga omukibi.endagano Enkuru ebyonzira byaihahoga ebibi byaitu ebyaira kandi buli mwaka balibaine kubigarukamu baitu Yesu akaija kugarabusyakaabantu ahali Ise'itwe Ruhanga. Hati nitusobora kwija omwa Ruhanga obwire bwonaniturabamuli Yesu Kristo.

RUHANGA NOKWEGOMBA KWONA NAIKARA ATULINDIRIRE kurubata naitweomurundi gundi,abaze naitwe nukwo atuhe obusobozi obwembaganiza obutwali tubulize. Omuhanda gwakinu gwali gukingwirwe kuraba omuli Yesu. Yesu akaba aine kugarukayo hali Ise Ruhanga obuyali amazire kufa yahumbuka nukwo atusindikire Omwoyo Muhikirire.Akamanya omulingo twali nitwenderamu Omwoyo WE kuba Mwomezi OMULI ITWE hatali kubakwonka Hamu NAITWE.

Yohana 14:17 Haro Mwoyo wa mazima: ogu Ensi owetasobora kutunga, habwokuba tibasobora kumurora, nobuhakuba kumumanya: mubutafayo bwaitu tumumanyire habwokuba aikara naitwe kandi Ali Muli Itwe.

Haro Ekintu kindi ekibaturaganize

Omwoyo Muhikirire buli bwireaturumiriza ekibi kyaitu, atutekaho Esagama Ya Yesu, atwiriza haihina Yesu, atwebembera kandi atuhabura, baitu haroho ebirukukiraho!Ruhanga Ise'itwe akaturaganiza Bingi, Yesu akabibazaho kandi na Yohana Omubatiza akagamba haliyoBINGI.

Yohana Omubatiza akagamba Yesu naija kutubatiza na Omwoyo Muhikirirenarabaomumuro,

Omuro gutwokya kandi twangasana, gutuha ekyererezi hamu n'okwokya (Tutunga kuyayana no'bumanzi)

Luka 3:16- Naija kubabatiza na Omwoyo Muhikirire naraba mumuro.

Matayo 3:11 Mazimakwo, Nyowe nimbatiza na amaizi omukwegarukamu: baitu ogu arukwija enyumayange nankira

Amani, n'enkaitoze tindukusemera okuzikwata: ogu alibabatiza omu Omwoyo Muhikirire kandi nakozesa omuro.

Yesu Kristo okwija kwa Omwoyo Muhikirire akakusoboraho ata?

Nitwija kutunga Amani.

Engeso za bakwenda 1:8 Baitu mulihebwaAmani, hanyuma Omwoyo Muhikirire obwalikamara okubaizira: nukwo nainywe murabaga bakaiso bange hona Yerusalemu, na Buyudaya otekeho nomu Samaliya, nokuhikya emperoze ensi.

Twija kuba nebi**saru ebirukugera ebya amaizi agobwomezi** agakugera kuruga omul'itwe.

Yohana 7:38 Anyakunyikiririzamu nyowe, nke kyahandikirwe nkokukikugamba okuruga omundaye haliturukayo ebisaru ebya amaizi agobwomezi. 39.Baitu kinu akakigambira omu Mwoyo, nukwo ogu wena owaikiriza akitunge: Habwokuba Omwoyo Muhikirire akaba atakatungirwe nkoku Yesu akaba atakahaisanizibwe.

Kinu nikyo **Isenyowe abaraganize**.

Luka 24:49- Murole, nkabatwekera omurago gwaIsenyowe ahali inywe:

Engeso za bakwenda 1:4- Akabatanga, yabaragira bataruga Yerusalemu, baitu balinde omurago ogwa Ise Mukama Waitu Yesu.

Luka 11:13 Talikiraho muno Ruhanga waitu Owali Mu'iguru ekyaliha Omwoyo Muhikirire abo Abamusaba?

Engeso zabakwenda 2:39 Baituomurago gulihal'inywe, nahali abaana banyu, nahali bona abali hara muno, obwingi obukwingana nawe Mukama waitu Ruhanga alibeta bona nkonku aliba asimire.

Bakabagamba batekwa kulinda Omwoyo Muhikirire Titurukusobora kukora Ruhanga ebyayenda habwaitu itwenka. Nitwetaga kwijukizibwa UweNa Amanige. NikyoYesu yalemireho Nagambangu baikale hamu kuhikya obubarakatunga Amani nukwo Omwoyo Muhikirireobwaraijanibamubera bakaisoEngeso Zabakwenda 1:4

Kiiki Ekibarabiremu?

Haroho ebintu ebyahindukire omubwomezi bwabulibantu abo abahonderagaYesu amazire kugarukayo Mu'iguru.obubamazire kulindiira ebiro makumi ataano (50), habiro Abayudaya ebibeta ebiro byokwijuzibwaOmwoyo Muhikirire (Pentekoti)bakatunga bingi Yesu Kristo ebiyali abaraganize. Bakatunga okubatiziibwaKwa Omwoyo Muhikirire nukugendera hamu n'omuro

Engeso Zabakwenda 2:1 Obu ekiro kya Pentekoti obukyahikire,bonabakaba balikimu mukwikiririza hamu omukikaro kimu 2 Ahonaho okuhira kukaruga ha Iguru,nkekiyaga nkokukihira namani, kyaijuliza kimu enju eyibakaba baikaliremu.

3 Baizirekurora babonekerwa endiimi ezisongaire nka ezo muro, zabagwaho buliomu hamutwe ogwe. 4. Aho bona baijuzibwa Omwoyo Muhikirire bantandi kubaza endiimi ezamahanga agataligabo nkoku Mwoyo Yabatuzaga. 5 Kandibakaba nibaikara omu Yerusalemu, Abayudaya, abasaija ebehaireyo, kuruga mubuli ihanga eriri hansi y'iguru. 6 Hati kinu kikaleta etoko handihona,obubahulire ekibaireho, ekuyanja ya abantu yaizirahamu obunibahunira habwokuba omuhaliabo akahura abaijwire Omwoyo nibabaza omurulimirwe. 7 Bona bahunira muno bavuvuma nibagambirangana ngu Dora, banu bona abarukugamba tibali Ba Galileo 8 Hati itwe nituhura endiimi zaitu buli omu omwihangalyembere azarwa? 9 Twine Parthians, na Medes, Elamiteshamu na abaikazi bomu Mesopotamiya, hamu na Judaya na Kappadosiya, kiri mu Pontushamu na Asia 10 Phrygia, na Pamphylia, omu Misiri nomubicweka ebimu ebya

Libya ezinyakuherraine na Cyrene, hamu na abagonyi mu
Abarumi, Abayonani, na Proselytes, 11 Aba Cretes na
Abaharabu, nitubahura nibabaza omu bigambo eby'endiimi
zaitu Emirimo eyamani ekuhuniriza eyerikukorwa Ruhanga. 12
Bona bahunira nibagurukya gurukya nibagambirangana
buli'omu ngu kinu nikimanyisa ki? 13 Baitu abandi batera
enaku, Nibagamba ngu Baijuire amarwa agomutarara.14 Baitu
Petero akaimuka hamu nabandi ikumi nomu, yabaliza haiguru
lya iraka lye yabagamba ati inywe abasaija Abayudaya nainywe
inyweena abarukwirara Yerusalemu, kiinu mukimanye, mutege
Amatu hali ebigambo byange.
Engeso za Abakwenda 2:15 Banu abantu tibatamire amarwa
nkonku inywe mukutekereza, tumukurora ngu bukyali kara
saha isatu ezanyekyakara.16 Baitukinu nikyo kyagabirwe nabi
Yoeri 17 Kandi kirihikira omubiiro eby'empero y'ensi,
nukwoagambire Ruhanga, Ndisesa Omwoyo wange hali bona
abaine omubiri n'abaana banyu abojo nabaisi baliragura, na
abasigazi baijaga kwolekebwa. Kandi Nabagurusi banyu balirota
ebiroto; 18 Ego nabairubange hamu na bazaana bange omu biro
ebi Ndibasesira bona Omwoyo wange basobole kuragura. 19
Ndyoleka ebyamahano Mu'iguru haiguru, hamu
Nobwokuroraho mu'itaka hansi; esagama n'omuro n'okucuka
kwomwika: 20 Izoba liri foka mu'irima, okwezi kulifoka
esagama, Ekiiro ekya Mukama ekikuru kandi ekyahandikirwe
kitakahikire:

Bikorwaki ebyalesirweho okubatiziibwa okwa Omwoyo Muhikirire?

Obumanzi
Omusaija nuwe omu Petero akatina muno kwikiriza
omwisiki omusibeobuyamukagwize yayangakwikiriza
ngumuhondezi WaYesu, akaijura obumanzi yayemera
omumaiso g'enkumi n'enkumi Z'abantu narangira Yesu nkoku

Mwana WaRuhanga n'abantu bona begarukemu bagarukire Ruhanga.

Obutumwa kuruga hali Ruhanga
Ogu Omwoyo Muhikirire atuha obusobozi obwembaganiza kusobora kugambira abantu Ekigambo kyaRuhanga.

Kurumirizibwa
Hanu nuho obwa Omwoyo Muhikirireabanakoora omumutima gw'omuntu kandi nokumuyamba namuyamba kumanyira hamu n'okwegarukamu ebibi bye. Aho obubali nibatebeza obubaka emitima y'abantu ekahindurwa.

Kwegarukamu
Enkumi n'enkumi za abantu bakegarukamu habwokuba Omwoyo Muhikirire akabarumiriza omumitima yabo yabaleta hali okwegarukamu.

Kubaza mundiimi
Abantu bona ababatiziibwe muOmwoyo Muhikirire bakabanibabaza omundiimi eza amahanga gandi, Omwoyo Muhikirire akabaha ebigambo. Abamu bakabaza endiimi ezibakaba batakegahoga, baitu abantu abandi, abomunsi ezindi obubahulire bali nibazetegereza. Kanu akokurora kakaikirizisa abantu baingi iti Ruhanga aliyo nakora.

Ebyamahano
Omwoyo Muhikirire akaha abatumwaobusobozi bwembaganiza bwokukora ebyamahano ebyasikirize abantu ku'ija bagambangu binubirugire owaRuhanga.

Kwija hali Ruhanga
Engeso zabakwenda 2:43 Nokutina kukakwata buli meme y'omuntu wena. Ebyamahano bingi nobwokuroraho byakorwaga abakwenda.

Kunu okuraganiziibwakwaitu hati
Petero yagamba okuraganiziibwakunu kwali kwabo, n'abaana babo nabo abaragarukaho, hanyuma yabo. Kwali kwabo bona obwire bwona. Kinu nikyo Ise'itwe yagondeze kumara obwirebwingi. Kutugarura ekyo ekyabuzire habwaekibi

kandi tufoke bantube abaijwire Omwoyowe, na Amani nigo gamu nka agabatungire mu engeso Zabakwenda 2.

Engeso Zabakwenda 2:39 Obu omurago guli hali inywe na hali abaana banyu nahali bona abalihara nainywena omubwingi bwanyu Mukama waitu nayetaga inywena

Noha asobora kutunga Okubatiziibwa Mwoyo Muhikirire?

Buli we'ena rurayegarukamu akabatiziibwa.

Lika 11:13 Nukwo inywe ababihire obumuraba mumayire kuha abaana banyu ebisembo ebisemire Ise'inywe anyakuli haiguru tai'ikireho muno okubaha Omwoyo Muhikirire abanyakumusaba?

Buli we'ena anyakutunga ekisembo.

38 Aho, Petero yabagamba mwegarukemu mubatiziibwe inywena omwibara lya Yesu Kristo nukwomuganyirwe ebibi aho mutunge ekisembo kya Omwoyo Muhikirire.

Buli ogu wena alisaba Ise'itwe Ruhanga Ogu Omwoyo Muhikirire

Luka 11:13. Wekaguze nikinganaha ekya Ise'itwe Ali Mu'iguru aliha Omwoyo Muhikirire abantu abamusaba Uwe?

Buli ogu owalitunga ekisembo.

Mwegarukemu mubatiziibwe inywena omwibara lya Yesu Kristo nukwomuganyirwe ebibi aho mutunge ekisembo kya Omwoyo Muhikirire.

Ise'itwe Owali Mu'iguru Ruhanga akozire, entegeka enungi okutugara hali eki ekiyali agondeze kuha Adamu na Hawa. Nayenda kutamu Omwoyo We MUL'ITWE nukwo twijuziibwe Amani, omuro, na Omwoyo Muhikirire asobole kugyamumaiso na EBIKORWABYE kuraba omul'itwe. Nkwesengerize musabe ekisembo eki kiro kinu.

LEKA TWIJUKE: OKUBATIZIIBWA MWOYO MUHIKIRIRE NIKIMANYISAKI?

1. Yesu akatukinguraho omuhanda tu:
   a. Tubebomezi ebiron'ebiro
   b. Twongere tutuge obusobozi bwa Ruhanga obwembaganiza kuraba mu OMwoyo Muhikirire
   c. Twomere omubwomezi obwijwire kwegonza, kuchakara n'ebitungwa by'obugaiga
   d. Itwe tube Emyioyo eyamani ag'obusobuzi eyeyomera Munsi

2. Yesu akagamba kiki ekitulitunga Omwoyo Muhikirire obwali twijaho
   a. Amani
   b. Ebisaru ebya amaizi amomezi
   c. Obusobozi obwokuba bajulizi ab'omunsi yona
   d. Byona ebihandirwe iruguru.

3. Nitusobora kuba bajulizi omunsi yona tutaine obuyambi bwa Omwoyo Muhikirire
   a. Mazima
   b. Bisuba

4. Abahondezi ba Yesu bakatungadi kunihizibwa kwabo.

a. Hanyuma ya ebiro makumi atano (50)
b. Bona obubali bain'ekorangana kandi bali mukikaro kimu hamu.
c. Abwa Yesu yayongire yagarukayo Mu'iguru
d. Byona ebihandikirwe iruguru

5. Kiki ekyalesireho obumanzi, ebyamahano na enjiri eyamani omubwomezi bwa abahondezi ba Yesu.
a. Bakaba batamiri amarwa ga emizabibu
b. Bakaba baikaire na Yesu kumara emyaka esatu (3) kyahwa
c. Bakatunga ekisembo ekya Omwoyo Muhikirire
d. Busaho halibyona ebiri iruguru

6. Ekisebo kinu kyali ky'ababandize kuhondera Yesu nukwo batunge etandikwa eyegumire.
a. Mazima
b. Bisuba

7. Noha ahikire kutunga ekisembo kyaraganizibwe Omwoyo Muhikirire?
a. Wenna ow'arayegarukamu kandi akabatiziibwa
b. Wena alisaba Ise'itwe
c. Wena owarayegomba kutunga ekisembo kinu.
d. Byona ebihandikirwe iruguru

ORUPAPURA 11

KIIKI EKINYINE KUKORA KUBA AJUNIRWE RUNDI MUROKOLE

Nimanya nta n'ingenda Mu'iguru?

Okimanyirengu noyetaga kujunwa, Ruhangaali Mu'iguru Kandi ekibi kitwahukaniza na Ruhanga ebironebiro.Ruhanga takugonza ekibi kitwahule hali Uwe, nahabweki Ruhanga akahayo Omwanawe Yesu, asasule omusara habw'ebibi byaitu yafa ha musalaba emyaka nyingi irra muno ey'enyuma.

Barumi 3:23 Itwena tusisiire, kandi twaruga hakuhika Hakitinisa Kya Ruhanga.

Barumi 6:23 Empera eyekibi kufa baitu ekisembo ekya Ruhanga kiribwomezi obutahwaho omu Yesu Kristo Mukama waitu.

Barumi 5:8 Baitu Ruhanga, akoleka engonzize hali itwe mulikyo, n'obuturaba twali tukyali basiisi, Yesu akatufera.

Twine kwikiririza Yesu, tulirire Ruhanga ogu ayatuhangire hakutandika tusobole Kumusaba ekoragana eya Muntu ha Muntu Nawe nka Ise'itwe, Muhangi kandi Mukama.

Ezekeli 36:24 Ningyakubaihayo mumahanga, mbasoroze kuruga mumahanga, ndibaleta omunsi eyanyu. 25 Male mbamisire amaizi amayonjo inywe, Nukwo mwerekimu: kuruga halikusisikara kwanyu kwona,nahali ebisaani byanyu ebimuramya byona, ninyigya kubayonja.

26 Malembahe Omutiima omuhyaka, hamu n'oMwoyo omusyaka ndigubatamu. Ndihamu omutima ogw'ibaale gwihe omumibiri yanyu, mbahe omutima ogw'enyama. 27 Kandi ndibatamu Omwoyo wange omunda yanyu, mbasobozese kurubatira n'okukora byona ebinataireho, ekintu kindi Mwija kulinda amatekagange kandi mugakole.

Yohana 3:15 Omuntu we'ena anyakwikiriza Muli Uwe atalihwerekera baitu abe n'obwomezi obutahwaho. 16 HabwokubaRuhanga akagonza ensi, nahayo Omwanawe omugonzebwa ayazairwe omu wenka, ngu buli omu alimwikiriza talihwerekera baitu aliba n'obwomezi obutahwaho. 17 Habwokuba Ruhanga atatume Mwana We omunsi kugikwasa omusango, baitu ngu ensi kurabamuli Uwe esobole kujunwa. 18 Ogu owamwikiriza talihebwa musango: Baitu atamwikiriza gumazire kumuhebwa habwokuba taikirize omuli Ibara lya omu wenka omugonzibwa Omwana Wa Ruhanga.

19. Kandi gunu nugwo omusango, omusana gujwire omu ensi, baitu abantu nibagoza omwirima okukira omusana:

habwokuba ebikorwa n'engeso zabo bikaba bibi muno. 20 baitu omuntu we'ena anyakukora ekibi, nuwe anoba omusana, Kandi taija hali musana engesoze n'ebikorwa by'omuntu ogu birekekwanikibwa. 21. Baitu anyakukora ebyamazima aija hali omusana, engesoze n'ebikorwabye bibamurwatu, habwokuba biri Mumusingi Gwa Ruhanga.

Esaara enu gigarukiremu hamu naitwe:

Yesu Mukama wange omugonzebwa,manyire nsiisire Nacwamu nakora ebintu ebibi kandi ebitahikire kunu nakubaire nkomere kukora ebirungi.

Ninyegarukamu kuruga mubibi ebi; Ninyenda Kandi ninyetaga obwomezi bwange buhindurwe... Kiro Kinu.

Nkwesengerize, Nganyira nyowe Kandi Oteke Omutima Gwawe Omusyaka n'Omwoyo Gwawe omusyaka omuli nyowe.

Nkwesengerize, ijja oikale nokulema oleme omutima gwange ebironebiro byona. Yesu, nkwesengerize nyebembera n'ompabura kukora Ebyawe Okugonza. kandi onkonyere okukusemeza hatali kusemeza ensi enu. Oijuze omutima gwange engonzi n'okurumirirwa habwabandi kandi onyebembere, okonyere ebiro byona eby'obwomezi bwange Amina.

Hati, sera Ekanisa eruku'ikiririza mu Baibuli nka Ekigambo Kya Ruhanga . Oserulize ekikwongeraho iwe kuba Omu kristayo Ajunirwe kimu, Akuhondera Yesu Kristo onu omurungi obun'omanya Ruhanga nkokwali Muzaire wawe n'oyebemberwa Omwoyo Muhikirire Owa Ruhanga. Ruhanga Akuhe Omugisa.

ORUPAPURA 12

MUGENDE MUBE BEBEMBEZI

Omwegeswa nikimanyisaki?

Nikimanyisa: Omuhondezi rundi omwegi owomusomesa, omwikiriza rundi omukugu hakumanya n'okugumisiriza abantu.

Kusanangana: Omuhondezi, mukurasi, arukuikiranganiza, omwikiriza, omwegi, omusomi, owayehayo.

Hondera nyowe.

Yesu obuyayesire abatumwabe akagamba ati, "Mumpondere nyowe" **ndabafora abasohi b'abantu.**

Matayo 4:19

Atagambe, muhondere emitima yanyu, mwikirize ekikura ky'entekereza yanyu, rundi mukole ebiri omumitima yangu."
"Mutagezaho kuhondera ebiroto byanyu"
Byona binu bisyaka, ebituletereza kukora ebiroto nentekereza yaitu kintu kyokuhondera. Buli muntu akole ekihikire kirikirungi omumaisoge.

Yesu Akagamba, "Himba omusalaba gwawe ompondere." Akagamba "**Munyegereho** ekikoligo kyange kyanguhire kandi n'ebizibu byange nibyanguhira."

Obubali batakavumbwire kuhandika Ebitabu ebirumu kumanya ebintu bingi muno mu ensi, hanyuma omutimbagano ogwa (Intaneti), n'ebyoma ebikalimagezi ebyetorora nibisera amakuru g'omu ensi hamu n'ekicu oku ha'iguru mbere noiha buli makuru gona ag'okugonza kwega rundi kumanya; Kumanya kukarabwamu kuruga Muntu ha Muntu n'obusobozi obw'okubaza n'ebyokuroraho ebitwine omubwomezi. Haliyo "Abakuggu" n'Abegesa: Abakama, abokusobora abarukuhonderwa. Obubaroraga nosobora kuba musomesa kutwara omulingo gwona kuhondera. Obubaroraga ngu oine obusobozi kuba mwegeswa, muhondenzi omurungi owarukusobora kutwara omulingo gwe habandi rundi hali omugigi oguru kwongeraho bakwikirizaga oyegera halibo. Mumulingo gunu bakutwara haingi nibegesa emikorre, enyikiriza hamu n'enyikara y'obwomezi bwabo. Omumahanga agandi hakyaliyo abakusoma bakagendera habukuggu bw'abatandikire enyikirinza.

Byona rundi busaho

Yesu akagamba, "…… Omuntu we'ena atasobora kuhayo ebintu byona tasobora kuba mutumwa wange" Luke 14:33. Akaba namanyisa twine kwehayo n'okuhayo byona ebitukwirukira habw'okutunga nukwo tusobole kwirukira hali Uwe wenka Yesu. Tubanze tusere **OBUKAMABWE.**

Emikono Etendekebwe
Yesu akaba nayeta abatumwa okumuhondera nokwega ebikumukwataho hamu n'emihanda yona enyakuruga hali Omwomuzaire We Ruhanga. Bakamara emyaka makumi asatu (30) nibagenda buli hayagyaga nibakora byona ebiyakoraga. Banu ikumi nababiri (12) abakuru muno mukumuhondera bakalya nawe, bakagenda engendo hamu nawe akabyama hamu. Bakarora Yesu nasaba, bamuhura nayegesa, bamurora narra, kandi bamurora naseka. Akabaragira kandi yabahaburaga. Akabegesa kukora ebiyali nakora, kukiza emiringo yendwara zona, kubinga emizimu nokutebeza Obukama Obw'omu'Iguru.

Yesu yatuma Abegeswabe okukora nkoku Yakozire.
Kiiro kiimu, bamazire okuba na Yesu. Akabatuma kugenda batebeze obutumwa nubwo bumu obubali begere kuruga hali Wuwe. Bakagenda nibakiza abarwaire, kubinga emiziimu kandi nokwesigirakimu Ruhanga Uwe kubagabiira mubulikimu ekibali nibetaga obubagendaga. Ebyamahano Yesu ebiyakoraga bakabikora. Bakatebeza obubaka nubwo bumu namagoba harugamuga Nk'aga Yesu. Abegeswa bakasemererwa muno habwokuba abantu bakabakiza kandi nemizimu bagihaho obusobozi yababundara. Yesu akabagamba ekibaine kusemerererwa nikyongu amabara gabo gahandikirwe mukitabu ekyobwomezi obutahwaho.

Yesu Atakagenzire akaragira abatumwa okutebeza obubaka bunu omu nsi yona.
Yesu obuyamanyire ngu alihaihi okubambibwa hamu salaba, akaragira abegeswabe: yabaragira okugenda bafole abantu begeswa munsi yona. Yabaragira babegese byona ebiyabegeseze.

Yesu yagamba ati, abegeswababo nibaija okukora ebyamahano nibyo bimu nokwegesa obutumwa nokuba obumu.

Yabagamba ngu nabo abalikiriza ekigambokyabo barakiza abarwaire, bahumbule nabafu Kandi babinge emizimu. Tibarukwaija kutiina ebyakabi kyona habwokuba tibikwija kubakora kabi.

Marako 16:17 Kandi obwokuroraho bunubuligenda nabo abaikiriza: Yesu akaha obusobozi abegeswabe okutebeza, kukiiza, kubinga emizimu. Yaragira abegeswabe "kutendeka" abandi nikwo nabo bakole ebiru kusana nebyabo.

Akabeta begeswabe, yabeta banywanibe, yabeta bagenzibe.

Amaziima agakuhuniriza titwesiirwe bwetwa kuba abahondezi baitu twesiirwe okuba baana ba Ruhanga.Tube naitwekicweka hab'omuka. Yesu mugenzi waitu tukatahamu habwa Ruhanga Ise'itwe habwokuba Yesu akakingura omuhanda.

"Oli Munywani wange kakuba okora ebitu ebindukukugamba." Yohana 15:14.

Paulo, ogu ataratangaineho Yesu akagamba, "Mumpondere nanye nkoku mpondera Kristo"

Soma I Bakolinso 3:6-21 Hanu, Paulo natererra abantu okutahondera abebembezi nka ensi kwekora. Abebembezi b'omunsi bagamba Ruhanga kubebembera nukwo bahike hali Isebo Ruhanga.

Paulo hanu natuterera, "Nkabaikiriza MuKristo mutalye panka habwa abantu nebi ebibakusobora kukora. Ebintu byona byanyu." (1Bakolinso 3:21 NLV) Paulo akongera yaterera yarabura abakuru abebembezi kwegendesereza habwa ebi ebibombeka habwokuba omusingi ni Yesu Kristo.

Paulo yagamba omurukara rwa 23 "Tuli ba Kristo Kandi Kristo wa Ruhanga ."

Paulo akahandiika nagamba ati gunu nugwo omwigo murarabyamuga abebembezi ba Kristo:

- Bali bahereza ba Kristo

- Bahairwe okurora okwo Omwoyo habwa amazima ga Ruhanga .
- Bali bahairwe amagezi ag'embaganiza, Ruhanga agabahaire kuha abandi.
- Basabirwe okuba abesigwa okuhereza abahondezi ba Kristo 1 Kolinso 4:2,
- Ruhanga amanyire entekereza y'emitima yabo Baija kukwekwata entekereza yomunda yakobu eri rukarra rwa 1 Kolinso 4:5.
- Baine kuba nka abazaire okukiraho okuba basomesa " nosobora kuba na 10,000 abazaire omu owumwine. Mukafoka ba Kristo obunabatebize ekigambo (Amakuru Amarungi) Abakolinso 4:15 (NLV)
- Enyegesa yabo ine okusaana nenyegesa yabo hona nambere bagya. 1 Bakolinso 4:17

Endagano Enkuru

Nkomuhondezi owa Kristo kihandikirwe Omundagano Empyaka. Ebitabu byendagano enkuru bine ebikubazaho abantu abaikaire barungi Kandi banaku bali kyokuroraho hal'itwe.

Ruhanga akagamba ebigambo ebyobuganyi hali Saulo, "ahindukire yaleka kumpondera" 1 samuiri 15:10 -11 Nubwo ekigambo kyamukama kyaija hali samuiri ngu 11. Nyeyijukize habwaki nkataho Saulo okuba omukama: baitu agarukireyo enyuma okutampondera, kunu tahikirize ebiragiro byange. Nyeyijukize okumufora mulemi Wabantu bange" omuli itwe busaho muntu asobora kwebembera entama, hize Kandi nuwe mulisa omurungi. Titukusobora -kwebembera, nituhuliriza.

Musa akaba nayebembera abantu omwirungu bali baine endagiro yekiragano, nka akokuroraho akokubahokwe ekicu kyokubahokwe ha'iguru nyamusana Kandi n'enyomyo yomuro mubwire bwekiro. Obu bukaba bwiire bwabo okugenda omukikaro ekisyaka. Ekicu kyaimuka bona bay'etekaniza okugenda. Bahondera ekicu. Kinu kyokubalinda nokuboleka gunu mulingo ogwo Omwoyo ogurukwebembera abaikiriza nahati. Ensi ezindi zikatinah okubarwanisa ha bwekitinisa. Nahati abaikiriza baine kwebemberwa Omwoyo Wa Ruhanga Barumi 8:14.

Ekyokuroraho hamuntu ayahondire, akesiiga kandi yasemeza Mukama nuwe [Kalebu.] ali omusaija owuyayomire obwomezi obwokwehayo. Kandi naikiriza emirago ya Ruhanga n'obwa abantu abali bamwetoroire baikirizaga okugurukya gurukya, nokukungana Kandi nobutahurra Kubara 32:14. Baitu omuhereza wange Kalebu, habwokuba oine omutima ogwembaganiza kandi ampondire ekirukumara, ninyija kumufora kalisoliso omu ensi eyiyagiremu, Kandi na bantu be baragitwara" kubara 14:24

Omusaija Enock akarubata na Ruhanga Kandi akabaza na Ruhanga . Akamumanya Kandi akamugonza nukwo kiro kimu "Nkoku akab'ali Wa Ruhanga akamutwara Kubara 5:22 – 24.

Nosobora ota okuhondera Ruhanga owatarukurora?

Tuhondera ebyahandikirwe ebirukwera. Harumu ebitukuragirwa ebyolekerwe kurungi kandi ne'ndagiro mu Baibuli kutuhabura nokwoleka obwomezi bwaitu ekihikire.

Tuhondera okwebemberwa nokwegesiibwa okwa Omwoyo Muhikirire Nkoku atuha nka omuntu endagirro eyembaganiza obutumuhuliriza nobwegendesereza. Tuhondera enyegesa eza abebembezi baitu ab' Omwoyo abo Ruhanga abatekere mu obwomezi bwaitu habw'oburungi bwaitu.

Tuhondera abo abatwebembire. Tutwara ebyokuroraho byabo abantu Ruhanga abakozeseze mumani. Tusobora kusoma ebitabu nitutunga okwetegereza ebintu bingi halibo.

Ruhanga akarubata nabo Kandi naitwe tukite munkora mubwomezi bwaitu. Nka, enock, Turubate na Ruhanga

Mugende Mube Bebembezi 97

habwaitu, nitwija kumumanya Kandi nitwija okuhurra irakalye. Nitusobora okumuhondera ebiro byona ebyobwomezi bwaitu. Nitusobora okuba abegeswabe. Nitusobora okuba baanabe. Nitusobora okuba banywanibe obutumworobera. Kyobuhangwa hali omwikiriza okuhurra iraka lye. Ruhanga Kandi akebemberwa okuhakanakwe nokukora kwa Omwoyo Muhikirire owaikara omulibo. Ekintu ekiimu ekiri haihi nomuzaire Ruhanga kiri emyoyo yabo Yesu abayaferire. Nayetaga tubahikye ebigambo byaitu.

Mugende, mutebeze, mwegese, mubatize mufole abantu bona (Omumahanga) abegesa.
Matayo 28:19, Marako 16:15-16.

LEKA TWIJUKE: MUGENDE MUBE BEBEMBEZI

1. Omwebembezi nuwe oha?
   a. Kuba muvubi wa abantu
   b. Muhondezi rundi omwegi w'omusomesa rundi omwikiriza
   c. Ayakugukire mukusoma enyikara y'abantu.
   d. Omusomesa w'enyikiriza emu rundi omukugu kuba n'abantu

2. NIKIHA EKIHIKIRE, EKIKWIHAYO KURUNGI OMUHONDENZI wa Yesu
   a. Kora ekiri omumutima gwawe
   b. Hondera ebiroto byawe
   c. Bamurungi nkoku okusemera kuba
   d. Werekereze byona ebyokusera nukwo osobole Kumusera

3. ABAHONDEZI BA YESU BALIMUKUTENDEKEBWA
   a. Kuba abantu barungi munsi enu
   b. Kukora ebi Ebyakukora Munsi munu
   c. Kuba basohi ba bantu

d. Kuba Abebembezi bamani Munsi enu

4. NOHA YESU OWUYAGAMBIRE AKABAINE KUKORA EBIHUNIRIZA kandi asomese Obubakabwe omunsi Yona.
   a. Abegeswa ikuminababiri (12) bonka
   b. Bona abamubaine nagenda kandi bagonza obubakabwe
   c. Bona abali baikirize
   d. Busaho nakimu ebya iruguru

5. PAULO OWUYAHANDIKIRE EKICWEKA EKIKUKIRAYO MUNDAGANO esyaka atosobole kutangatangana Yesu.
   a. Mazima
   b. Bisuba

6. OKUBA MUHONDOZI WA RUHANGA KIKATANDIKA MUNDAGANO esyaka
   a. Mazima
   b. Bisuba

7. NITUSOBORA KURUBATA NA RUHANGA ITWEKA
   a. Mazima
   b. Bisuba

8. Nitusobora kuba Bahondezi ba Ruhanga nubutwakuba tutakumurora.
   a. Kuhondera ebyahandikirwe
   b. Kuhondera obwebembenzi bwa Omwoyo Muhikirire
   c. Tuhondera Obwebembezi obwine OBWA Ruhanga bw'Omwoyo kandi bwomerire mubwomezi bwabo abakuhondera Ruhanga.
   d. Byona ebiri iruguru.

LEKA TWIJUKE: EBIKURU

Noha Ruhanga?

1. Mazima
2. a. Manyire, Ekiki
3. tekereza, kigwe, kyetegereze, ekisaani
4. Mazima
5. b. wetegereze Enyikaraye hamu N' Ebiragiro Bye
6. Etegeka, ekweyoleka
7. Mazima
8. Omusana

Habwaki Ruhanga yahangire Abantu?

1. c
2. b
3. a
4. d
5. a
6. a

Ekibi nikyo ki?

1. Bisuba
2. Burwaire
3. Kora, ebibumbe, kusana, hansi
4. Ibara,byawe, Ruhanga,obugabe,kulema
5. Ijuka,byona,kora,ebi,seera,hatali,tunga
6. Mazima
7. Bisuba
8. Mazima
9. Mazima
10. Mazima
11. c
12. Obusihani, obukaba, kwanga, obulemu, ihali, kwegomba, etamirro, kora, nkebi, ebintu, obugwetwa.
13. Kuhanga
14. 1 hamu 2 nukwo twegarukamu

Yesu Nuwe oha?

1. Omwana/Mwojo
2. Ensi
3. Omusaija,ajuna
4. Ekyokumalira,ekibi
5. Rubata, huwe, kuterana, esagama, obuyonjo.
6. Mujuni
7. Amani, Abatabani, ikiriza
8. Obubiri

Leka twijuke: Ebikuru 103

Kwegarukamu nikyo ki?

1. Kusisa kukakwiha ha kitinisa
2. d
3. Bisuba
4. Enakku, kukora
5. Akegarukamu
6. Busahokibi, dora
7. Obutafayo, iwe, tekereza, Ruhanga, kihikire, saba, kisyaka, obwomezi,

Okujunwa nikimanyisaki?

1. Kwikiriza
2. Ekibi,kwihamu, obuzaliranwa
3. ekibi,gehena,ebisumuruzo,yihamu,twara
4. munda,Kristo, busyaka,ekyomezi,agenzire,harra,kisyaka
5. yatur'amazima, Mukama Yesu, noikiriza, omutima, kuhumbuka, kujunwa.
6. Amazima, Musana.
7. Kujunwa, kikirize, kwebembera
8. Rubata, esagama, akatur'amazima
9. Kugwa kuhwaho, kwegarukamu,busyaka, kuswara.

Kubatiziibwa mumaizi nikimanyisaki?

1. b.Kubatiziibwa mumaizi
2. kihwerekereza, ekibi,kugaramu,obusingunzi
3. Mazima
4. Obusubuzi,ekibi, busubuzi,kisyaka

5. Mazima
6. c omuntu wena owaikiriza ngu Yesu nuwe mwana wa Ruhanga kandi akafa habwa ebibi byaitu.

Omwoyo Muhikirire noha?

1. d
2. a
3. c
4. Mazima
5. d
6. Mazima
7. Mazima
8. Mazima

Okubatizibwa Omwoyo Muhikirire Nikimanyisaki?

1. a
2. d
3. Bisuba
4. b
5. c
6. Bisuba
7. D

Mugende muhindule abantu babe abegesa

1. b
2. d
3. b

4. c
5. Mazima
6. Bisuba
7. Bisuba
8. d

OKUMANYIIRA

Haroho Abantu baingi abekicweka ky'omulimo gunu baingi bahandiiki nabacencuzi, bahinduzi, nabategeki hamun'abebisaani. Kitwaireemyaka erukuhingura amakumi ana (40) kuhandiika okwanjura kunu.

Mwebale inywena ababairemu:

I Bakolinso 3: 6 (NLV)
"Nkabyara embiibo, Apollos yagisesira amaizi, baitu akaba Ruhanga ayagirinzirekuhika ha kukura. Kinu nikyoleka ngu ogu ayabyaire nogu ayasesire tinikyo kikuru.Ruhanga nuwe Mukuru. Akagireka yakura. Ogu ayabyaire n'ogu ayasesirire nibasana. Buli omu naija kutunga omugabogwe"

ENDAGIRRO

Hali abo omulinywe abakuhunira......Kandi baine "omuhimbo Omubibakukora? Noijuka Omwahule Agnes 1. Number nabazaho Isomero? nabazaho intendekero

Kale………………….. Nkaba ndina Agnes omu Firipino omu 1990 akaikara na basaija 8, bona bakuru bamatendekero ga Baibuli n'obwebembezi obuhereza omu Philippines. Obuyagambire nabongu nagenda kwombekaitendekero omu Philippines bona bagamba, mugenzi waitu Agnes, Nitukusaba otekerezeho okutendeka abebembezi abokutaraga bulihamu omubyaro,nukwo obuhereza bwaitu bwona bugobore omuntekaniza yemitenderayawe? "Emyaka nyingi tukagenda omumasomeromaingi agarukusomesa Baibuli hamu n'entekaniza nyingi omu phillippines nitukora naba Asian ekikaro ekikuru ekyebigenderewa, Endimi nituhika Mubyaro na'Amahanga kubagana eki Ruhanga ekyatuhaire kurabira omu'mwahule Agnes. Byona ebya Mwoyo n'ebyomubiri ebiragiro nenyegesa nka; osobora ota okubatizibwaomuMwoyo Muhikirire, osobora otakuguma oli mwomezi omubuhereza obwokugenda, osobora ota okulinda obume kwikara hamu kurungi n'okugonzangana n'engonzi za Ruhanga.

Abaingi omuli inywe,nimumanya, nkabandi murwaire habwaemyaka nyingi. Kiro kimu, harabireho enyaka Ruhanga atakankirize, Akabaza nanyowe yagamba, "Teresa oboire nokikora kubi, obaire n'olengaho kwegesa (kutendeka) buli muntu akurabamu omurwigi." Nkaba nindegaho okutendeka abo abali batakwenda kutendekebwa, Abo abali bataine okuttuokuhura, omutima okutunga rundi kutwara, kandibali bataina omutima ogwobuhulizi.

Aho Ruhanga Yampa kusoma;

2 Timoseo 2:2 "Kandi ebi ebiwahulire namberendi omubajulirwa baingi, nibyo oyahuza obukiko nkobu omuAbantu abatwesiga, abasobora okwegesa abandi.

Nkaba ndiririre amaizi hali Ruhanga kandi tukaba tukoziire nabaingi muno kandi haroho bataito muno abatwaire eki ekitwayegeseze omu Mahanga. Kikaba nkekitali kyobwinganiza hali nyowe..... Nkaba mudoma nta! Ruhanga yagamba, "NKakutendeka iwe.....Tinukwo?" Aho naho naijuka nkoku kyali kigumire Okuntendeka...... Mumaiso g'Amakumi g'abantu hanyuma..... Nayegarukamu aho naho Kandi natega amatu". "KALE, MukamaNokoraki?" oku kukaba kutandiika okutandika Kwahanu nambere tuli hati.

Mubigufu twali tutakeyongireyo, Mukama yangamba Ningyija kwombeka Isomero Nangwa, Tiririkwijja kuba Isomero lya amatafali baitu Isomero eryo kutaraga. Tirkiwija kubalyabo abatarukwija kusobora, lija kuba ly'abakusobora, kandi abaine amatu okuhurra, omutima okutwara, omutima omuhulizi.

Ijuka kino?

Habakuku 2:2 Mukama yangarukamu nagamba ati Handika okwolekwa, okwoleke kurungi habipande, oguwena owakutaho amaiso airuke agambire bandi."

Ekyahandikirwe kinu inkihurire munda kumara emyaka nyingi. Tukatandika n'okutendeka ebicweka baitu hati twine kukizonzora ngu'akaire kahikire. Obwire bwokukisoma n'okwiruka nakyo.... Wakatekerezaga nkoku ira muno ekikumi y'emyaka n'emyaka musanju 7th (BC-Before

Christ)Yesuatakazairwe ekitabu kya Habakuku obukyali kimazire kuhandikibwa otu komputatwomugaro (|pads) rundi obubakweta E.readers? Enu entekaniza y'ensoma eti ekakolerwaaba omulembe gunu "tablet". Twongireho sinema ezigendera hamu na obukomputa obwomungaro (tablet). Hati nokozesa waya zamasanyarazi, omuntu owali omumahanga ga Afirika nakozesa otukomputa "tablets"asobora kutunga Isomero lya Baibuli hamu n'okutunga itendekero eryamani mbereagondeze.

Twesibere hakyokuzazamu tubebaingi. Tweberwe ngu nitukura n'obwire nibwiruka nibutusiga. Twangusye okurangirra amazima ganu hara kandi bwango Ruhanga nkoku araba atwikirize.Tugaremu amani Abalisa twongere tuheomugisa abebembezi okwegesa Abantu babo.

Etegeka y'okusoma enu erumu biki?.

Nko'ku tukozire namatendekero maingi aga Baibuli ekigendererwakyaitu tikiri kubazamu amatendekero maingi aga Baibuli eyabulikiro n'amagezi gayo n'ebyayo. Ekigendererwa kyaitu kiri:

Ekiwahulire ningamba omumaiso g'Abantu abaingi, oine kwegesa Abantu abokwesiga. Nabo bosobole okwegesa abandi "2Timoseo 2:2 [NLV].

Ruhanga ebiyatwegeseze mukurabamu Omwahule Agnes Na Omwoyo Uwe. Nitusobora tuta kwihamu ebisunga omubwomezi bwaitu", kuhura irakalye, kugonza Amahanga n'okugonza 'okwe tumuleke atutwale omumahanga.

Hali abandi kinu kyali "kintu kyabulikiro". Habwange kikaba ky'okujuna obwomezi. Nakubaire ntarabiremu, nakubaire ntaherize Ruhanga kandi ntomiire kuhika hanu handi, kakubanalintaine ekya Ruhanga yahaire Agnes hamu nekiyamuhaire mukurabira omukwegesa'kwe okw'okuhura Iraka lya Ruhanga.

Nkaba ntasobora kukikora; hataroho okubaho na Omwoyo

nibigerera hamu…….. Hataroho Yesu Kutagara hali isitwe……
Hataroho omugisa.

Nkaba ntasobora kutunga kusukururwa:Intaine obuhangwa obu na Omwoyo Muhikirire nibikwatagana….Hatali Yesu kutugara hali lsitweRuhanga… Kakuba yali atantairemu etekereza n'ekoraye. Tinakubaire omunyikara eyehikire hataloho okusukururwaokwa Isaya 26, Nankoku Ruhanga Uwewenka, yatufoire ebihangwa ebisyaka, twaba abobugabe kuruga habakama abaira.

Obumba ngezirendimukurubata ninyetorora ensi, Ndora Abalisa n'abebembezi nibatalibana kuserra ekyokwegesa Abantu baabo. Obundi tibakatungahoga okutendekebwa omwitendekero lya Baibuli…. kandi batasome habwobutaba no obusobozi obwa sente ozokweherera.

Ninsima omugisa gunu okusanga nyomire omubwomezi obwokuhindurwa nkaba nobukugu hati esaha ziri mu rukumi, niyo emyaka ikumi insobaire kuba na abahandiki baingi, Abacencuzi, Abatezi bebisisani n'abakonyezi tuherizeenjiri ensi yona.

Tukizoire kinu kitabu kyokubanza. Nitukyakora sinema ezituragenda nazo omukwegesa. Kyanguhire habwokuba omwahule Agnes bulikasumi yayegesaga ebyanguhire, baitu kunu birumu kumanya n'amazima ga enjiri.

Okura kwaitu kulingu Ruhanga akusomere kinu……..amale akutekemuenjiri y'ekigambo kya omumutima gwawe kandi akutendeke, nukwo osobole okutunga obugabe, obusinge amani no' busobozi bwokwoleka Engozi'ze omu mahanga.

Ningira leka itwena tukore hamu nkoku hakyaroho obwire….nukwo Uwewenka Ahebwe Ekitinisa.

"Kandi enu enjiri ey'obukama bwa Ruhanga eritebezibwaomu ensi zona, okuba kaiso hali amahanga gona; Nubwo empero." erihika" Matayo 24:14

Leka Yesu akutwale omumahanga g'ensi yona………
Teresa Skinner

Omukuru Wentekaniza

- facebook.com/AllNationsIs58
- twitter.com/AllNationsIs58
- instagram.com/AllNationsIs58
- amazon.com/author/teresaskinner

www.ingramcontent.com/pod-product-compliance
Lightning Source LLC
Chambersburg PA
CBHW072039110526
44592CB00012B/1482